Lebensfreude

Worte, die stark machen

HERDER

FREIBURG · BASEL · WIEN

Sonderband 2015
Herausgegeben von German Neundorfer

Mit Beiträgen von:

Petra Altmann
Phil Bosmans
Joan Chittister
Roger Etchegaray
Khalil Gibran
Anselm Grün
Johann Peter Hebel
Schwester Gisela Ibele
Margot Käßmann
Lorenz Marti
Anthony de Mello
Antje Sabine Naegeli
Yarito Niimura
Henri Nouwen
Richard Rohr
Andrea Schwarz
Christa Spannbauer
Christa Spilling-Nöker
Pierre Stutz
Notker Wolf

Vorwort

Was ist eigentlich Lebensfreude? Mir fällt dazu eine Geschichte ein, die ich Ihnen zu Beginn dieses Buchs erzählen möchte. Eine Geschichte, die mich schon seit vielen Jahren begleitet und die ich aus verschiedenen Sammlungen von Märchen und Weisheitsgeschichten kenne, mal im Orient angesiedelt, mal in Ostasien, aber auch in deutschen Märchenbüchern ist sie zu finden: Ein Reisender befindet sich auf seinem Weg durch eine unwirtliche Berglandschaft. Plötzlich lässt ihn ein Geräusch aufhorchen: Er blickt um sich und sieht, wie ein hungriger Tiger auf ihn zustürmt. Entsetzt ergreift der Reisende die Flucht, stolpert über eine Böschung, und beinahe wäre er in einen tiefen Abgrund gestürzt, hätte er sich nicht gerade noch an einer Wurzel am Abhang festklammern können. Fürs erste ist er gerettet. Doch oben lauert der Tiger, unten der tödliche Abgrund, und als der Reisende auf die rettende Wurzel blickt, bemerkt er eine weiße und eine schwarze Maus, die abwechselnd an der Wurzel nagen.

Eine schreckliche Situation, und Sie werden sich sicherlich fragen, was diese Geschichte mit Lebensfreude zu tun hat. Ich habe sie noch nicht ganz zu Ende erzählt: In seiner Not sucht der Reisende nach Rettung. Er entdeckt einen kleinen Strauch mit wunderschönen roten Beeren, und es gelingt ihm, eine Beere zu pflücken. Und als er sie isst, vergisst er Tiger und Abgrund völlig, und auch die Mäuse sind wie weggefegt aus seinen Gedanken, und er ruft aus: »Ist das Leben nicht süß?«

Es gibt Deutungen zu dieser Geschichte, die besagen, dass der Tiger die Hast unseres Lebens versinnbildlicht, der Abgrund den Tod, die beiden Mäuse stehen für Tag und Nacht und damit für die Zeit, die vergeht. Aber wofür stehen die Beeren? Ich glaube, sie stehen für den Geschmack und die Freude am Leben. Für eine Freude am Genuss und an Sinnlichkeit. Und für die Freude, im gegenwärtigen Augenblick zu leben, also für etwas, das der Buddhismus mit Achtsamkeit umschreibt.

Momente der Lebensfreude sind es, die uns herauslösen aus unserem Lebensalltag. Es sind Aha-Erlebnisse, Augenblicke, die die Erdenschwere schwinden lassen, wie *Anselm Grün* es formuliert. *Pierre Stutz* spricht an einer Stelle von der Zeit, die wir uns schenken. Sie sind zu finden im Alltag, brechen ihn auf und lassen ihn in seiner Fülle erleben. Es sind aber auch die Momente, die uns Kraft in Krisensituationen geben, wovon z. B. *Margot Käßmann* erzählt, und die uns bis ins Alter hinein begleiten.

Ich möchte Ihnen solche Augenblicke der Lebensfreude und des Genusses wünschen und hoffe, dass Ihnen auch die Texte in diesem Buch Lebensfreude bereiten.

German Neundorfer

Inhalt

4. Das Aufbrechen der Schale

5. Jeder Tag ist ein Gefäß

6. Maßlos glücklich

8. Ein Leben in wachsenden Ringen

Anhang

Freude

Freude lässt den Puls schneller schlagen. Sie bringt die Energie im Menschen zum Fließen. Alles geht uns schneller von der Hand. Freude schenkt dem Leben Leichtigkeit. Sie nimmt ihm das Angestrengte und Überfordernde. Wer aus dieser Freude heraus wirkt, dem gelingt mehr. Alles fällt ihm leicht. Die Erdenschwere schwindet. Die Freude drängt uns, etwas anzupacken. Sie ist eine wichtige Triebfeder der Kreativität. Wer aus Freude arbeitet, der wird nicht so leicht erschöpft. Ihm wird alles, was er tut, zur Freude. Er erfährt die Arbeit nicht als Last, sondern als etwas, das ihm Freude bereitet.

Anselm Grün

1.

Leben aus dem Inneren

Ein angenehmes und heiteres Leben kommt nicht von äußeren Dingen; der Mensch bringt aus seinem Innern wie aus einer Quelle Lust und Freude in sein Leben.

Plutarch

Lebe sogleich!

Lorenz Marti

Jetzt weiß ich es. Die Antwort ist da. Es sieht gut aus. Sehr gut sogar: Ich habe noch fast 30 Jahre zu leben! Woher ich das weiß? Ein Test im Internet, ein paar Fragen, und schon erhalte ich Bescheid: Ich werde »mit einer gewissen Wahrscheinlichkeit« 90 Jahre alt. Das ist doch eine ganz erfreuliche Perspektive!

Allerdings habe ich ein bisschen nachgeholfen. Beim ersten Versuch wäre ich nämlich nur 89 geworden, was ich schade fand. Wenn schon so alt, dann würde ich gerne auch noch den Neunzigsten feiern. So habe ich es noch einmal versucht. Es gab nämlich eine Testfrage, die ich auch anders hätte beantworten können. Ich wusste nicht, ob ich ankreuzen sollte, ich sei »öfter depressiv« oder »in glücklicher Grundstimmung«. Als vorsichtiger Mensch wählte ich zuerst die depressive Variante, was die erwähnten 89 Jahre ergab. Nun änderte ich das und erklärte mich zum glücklichen Menschen – und prompt erhielt ich das fehlende Jahr.

Doch die Sache schien mir etwas unsicher, weil ich ja nicht immer glücklich bin. Ich nahm einen dritten Anlauf und kreuzte diesmal beide Möglichkeiten an, was zwar widersprüchlich scheint, aber auf mich am besten zutrifft: öfter depressiv – und in glücklicher Grundstimmung. Und siehe da: Es klappte auch mit dieser etwas paradoxen Variante. Willkommen zu meinem neunzigsten Geburtstag am 25. April 2042!

Während ich so rechne, schaut mir der alte Seneca über die Schulter und schüttelt den Kopf: »Worauf starrst du? Wonach reckst du dich? Alles, was kommen soll, liegt im Ungewissen. Los, lebe sogleich!«

Er hat mich erwischt, der Weise aus dem alten Rom. Meine Berechnungen sind Spiel und Spekulation, mehr nicht. Selbst die Tatsache, dass eine Schweizer Universität am Online-Test mitgearbeitet hat, garantiert mir noch kein langes Leben. Für Seneca kommt es ohnehin nicht auf die Anzahl Jahre an: Man kann auch alt werden, ohne je richtig gelebt zu haben, stellt er fest, so dass »inmitten der Vorbereitung auf das Leben das Leben endet.« Seine Bilanz ist denn auch ziemlich ernüchternd: »Ein kleiner Teil des Lebens ist es, den wir auch wirklich leben.«

Das ist für den römischen Philosophen der entscheidende Punkt. Ein langes Leben ist ein erfülltes Leben, egal, ob es nun 70 oder 90 Jahre dauert: »Es ist nicht wenig Zeit, die wir haben, sondern es ist viel Zeit, die wir nicht nutzen.« Wer alles auf die Zukunft verschiebt, bestiehlt nach Seneca die Gegenwart und verkürzt damit sein Leben.

Umgekehrt gilt: »Das Leben ist lang, wenn man es recht zu nutzen weiß.« Damit ist nicht Nützlichkeit und Effizienz gemeint, sondern die Wertschätzung jedes einzelnen Augenblicks, wie immer dieser auch aussehen mag: »Alle Stunden umfasse mit beiden Armen. So wirst du weniger vom Morgen abhängen, wenn auf das Heute du die Hand legst.«

Und was ist nun mit dem Jahr 2042?

Seneca: Vergiss es, lebe jetzt!

1. · *Leben aus dem Inneren*

Sei da, wo du bist, und zwar voll und ganz. Das Leben ist nicht im Gestern. Es steckt auch nicht im Morgen. Es ist in der Gegenwart da. Das Gleiche gilt für die Liebe. Das Gleiche gilt für Gott. Lebe in der Gegenwart und spüre, wie das Leben jetzt ist. Das ewige Leben ist ein einziges Jetzt; folglich ist es hier und jetzt da.

Anthony de Mello

Aus der Quelle des Lebens

Roger Etchegaray

> Jubelt dem Herrn, alle Lande, in Freuden dient dem
> Herrn, vor sein Angesicht kommt mit Jauchzen! Der
> Herr ist Gott. Er hat uns geschaffen, wir sind sein
> Eigen: Sein Volk sind wir, die Herde auf seiner
> Weide.
>
> *Psalm 100,1–3*

»Freuen Sie sich Ihres Lebens!« – Diesen Wunsch hat
mir ein namhafter Prediger vor einer Berghütte zugeru-
fen, als ich gerade eine Bergtour durch Fels und Eis hinter mir hatte. Mir schien der Wunsch anfangs etwas kurz
und banal geraten – besser hätte mir vielleicht gefallen:
»Freuen Sie sich, ein Christ zu sein« oder »Freuen Sie
sich, Bischof zu sein!« Trotzdem behielt ich beim Abstieg
ins Tal die Worte im Herzen wie Maria … und sie haben
ihren Weg gefunden!

Es stimmt ja, und ich hatte es gar nicht bedacht: Die
Freude über das Dasein ist wohl – im mineralen Sinn des
Wortes – die elementarste Freude überhaupt, eine Freude, so hart wie Granit, so tief wie eine Gletscherspalte, so
klar wie eine Quelle. … Lebensfreude? Das ist, wenn ich
mit vollen Händen diese Erde ergreife, die ich sonst mit
Füßen trete. Wenn ich den Duft des Lehms atme, aus
dem ich geformt bin. …

Lebensfreude? Das ist, wenn ich meine älteste Erinnerung wiederfinde, die Erinnerung an meine Ursprün-
ge. Wenn ich aus dem Quell meines Lebens trinke. Wenn

ich mich nicht dem schwindelerregenden Bewusstsein von meiner Nichtigkeit hingebe, sondern dem herrlichen Bewusstsein, dass ich zwischen den Händen Gottes am Zappeln bin. ... Lebensfreude? Das ist, wenn ich auf den Geschmack Gottes komme, der mir Geschmack am Leben gibt. ...

»Freuen Sie sich Ihres Lebens.« Nachdem ich diesen scheinbar so banalen Wunsch gut verdaut habe, gebe ich ihn allen als schönsten Wunsch weiter.

Schenk dir Zeit

Pierre Stutz

In den dunklen Stunden unseres Lebens kommen wir nicht darum herum, einen neuen Zugang zur Zeit zu finden. Welch ein Irrtum ist es, zu meinen, die Zeit gehöre uns. Sie liegt nicht in unseren Händen. Sie ist nicht zu haben, sondern sie schenkt sich uns jeden Augenblick neu. Wenn wir verunsichert sind und uns neu finden müssen, dann können wir mit beharrlicher Geduld die Kraft des Hier und Jetzt neu entdecken und auskosten. Innere seelische Prozesse der heilenden Selbstannahme und der Versöhnung mit dem Leben haben eine ganz andere Zeitdimension. Wenn wir gegen sie ankämpfen, dann stehen wir uns selbst im Wege. In Umbruchsituationen können wir lernen, vertrauensvoller im Leben zu sein, weil uns bewusst wird, dass das Wesentliche nicht machbar ist. Mich beeindruckt, wie die Anonymen Alkoholiker es machen, die mit Entschiedenheit aus ihrem Gefängnis der Sucht hinaustreten, indem sie sich Tag für Tag sagen: »NUR FÜR HEUTE!« Das ist eine weise Lebensgrundhaltung, in der ich meine Sorgen nicht hochrechne und mich nicht verliere in Zukunftsängsten, sondern mich konzentriere auf das Heute. So sehe ich mein Leben in einem größeren Zusammenhang, um sozusagen mit den Augen der Ewigkeit besser in der Gegenwart leben zu können. Heilende Kräfte werden freigelegt, wenn ich mich nicht unter Druck setze und nicht dauernd in der »Wenn-Perspektive« lebe. Ich will nicht mehr ein für alle Mal wissen, was mich erwartet im

Leben; es genügt mir, im Heute sinnvoll zu leben, in der staunenden Dankbarkeit über viele alltägliche Wunder. Im Sammeln der Kräfte in der Gegenwart gestalte ich verantwortungsvoll mit an der Zukunft.

Meine Verabredung mit dem Leben, wie es jetzt ist, erwartet mich.

Meine Wachstumschance ist jetzt schon da.

Meine Zeit heißt Jetzt.

Schenk dir Zeit
zum Geschehenlassen
zum Heilen
zur Versöhnung

Schenk dir Zeit
sie ist nicht zu haben
sondern immer im Werden
in ihr zeigt sich
der Geschenkcharakter des Lebens

Schenk dir Zeit
für einen inneren Prozess
für einen Durchgang zum Neuen
für ungeahnte Möglichkeiten

Stille erleben

Henri Nouwen

Stille hilft uns, in unserem Leben die Entertainment-Mentalität abzulegen. In der Stille können wir unsere Freude und unser Leid aus den Verstecken hervortreten und zu uns sagen lassen: »Fürchte dich nicht! Du brauchst die Augen vor deinem eigenen Weg, vor seinen dunklen und hellen Seiten nicht zu verschließen und kannst deine Richtung in die Freiheit finden.« Die Natur, unsere Wohnung, eine Kirche oder ein Meditationsraum können für uns der Ort der Stille sein, den wir brauchen. Doch wo immer wir Stille finden, müssen wir sie hegen und pflegen. Denn nur in der Stille können wir wirklich erfahren, wer wir sind, ein Geschenk Gottes.

Es kann sein, dass uns die Stille zunächst nur erschreckt. In der Stille beginnen sich die Stimmen der Finsternis zu regen: unsere Eifersucht und unser Zorn, unser Groll und unsere Rachsucht, unsere Lust und Gier, unser Gram über Verluste, Misshandlungen und Zurück-weisungen. Diese Stimmen sind oft laut und durchdringend. Sie können sogar ohrenbetäubend sein. Unsere spontanste Reaktion darauf ist, vor ihnen davonzulaufen und zu unserem »Entertainment«, unserer »Unterhaltung« zurückzukehren.

Wenn wir aber so diszipliniert sind, dass wir dem Drängen dieser dunklen Stimmen standhalten und wir uns von ihnen nicht einschüchtern lassen, verlieren sie an Kraft und treten in den Hintergrund. Dadurch schaffen sie Raum für die sanfteren, freundlicheren Stimmen des Lichts. Diese Stimmen sprechen von Friede, Freundlichkeit, Güte, Freude, Hoffnung, Vergebung und vor allem von Liebe. Sie werden vielleicht zunächst schwach und unbedeutend erscheinen, und es kann schwer sein, ihnen zu vertrauen. Doch sie sind sehr beharrlich und werden sich verstärken, je länger wir horchen. Sie kommen aus großer Tiefe und von weit her. Sie haben schon zu uns gesprochen, noch bevor wir geboren wurden, und offenbaren uns, dass es in dem, der uns in die Welt gesandt hat, keine Finsternis gibt, nur Licht.

Die Kraft des Schweigens

Pierre Stutz

>*»Mancher schweigt, weil er keine Antwort weiß, mancher schweigt, weil er auf die rechte Zeit sieht. Der Weise schweigt bis zur rechten Zeit, doch der Tor achtet nicht auf die Zeit.«*
>
> *Jesus Sirach 20,6–7*

Die Sehnsucht nach Stille wächst, und die Überforderung, den Ort des inneren Schweigens zu betreten, nimmt zu. Zugleich entdecken immer mehr Menschen die Kraft des Schweigens. Ein Schweigen, das nicht aus Beziehungsangst oder Verdrängung der anstehenden Fragen entsteht, sondern aus der weisen Einsicht, im schweigenden Innehalten Hoffnung schöpfen zu können für eine engagierte Gelassenheit. Im Buch Jesus Sirach mit seinen vielfältigen Lebensweisheiten wird zwischen dem rechtzeitigen Reden und Schweigen unterschieden. In unserer Welt mit einer unendlichen Fülle von Informationen, Bildern und Worten braucht es die Gabe des Schweigens.

Schweigende Menschen verändern unsere Welt, gestalten mit an einem weltweiten Versöhnungsweg. Das Eintauchen ins Schweigen hat eine vertrauensstiftende Wirkung auf die ganze Welt, weil wir nie Einzelne sind, sondern immer Teil eines Ganzen. Diese tiefere Verbundenheit mit allem wird auch im Buch Jesus Sirach entfaltet. Die vielen Verhaltensregeln kann ich nicht wörtlich übernehmen. Doch ich erahne in den verschiedenen

Kapiteln, dass es in einem lebensfördernden Schweigen nicht um ein Totschweigen von Lebensthemen geht, sondern um eine gesunde Distanz zum Alltag, um gelöster Beziehungsfragen anzusprechen und um meine soziale Verantwortung stärker wahrnehmen zu können: »Sei nicht hart gegen das Herz eines Unglücklichen und verweigere dem Bedürftigen nicht deine Gabe. Den Bedrängten, der hilflos ist, weise nicht ab und wende deinen Blick nicht weg vom Armen« (Sir 4,3–4). Im Schweigen werde ich sensibler für die zerbrechlichen Seiten des Lebens, und zugleich wird mein Staunen über die alltäglichen Wunder gestärkt: »Alle Dinge sind verschieden, das eine vom andern, und nichts hat er geschaffen, das versagt. Das eine bestärkt den Wert des anderen, und wer kann sich satt sehen am Anblick ihrer Schönheit« (Sir 42,24–25).

Das Geheimnis des Lebens

Anthony de Mello

Wenn der Teich austrocknet
und die Fische auf dem Trockenen liegen,
genügt es nicht,
sie mit dem eigenen Atem zu befeuchten
oder mit Speichel zu benetzen,
man muss sie zurückwerfen in den See.
Versucht nicht,
Menschen zu beleben durch Lehrmeinungen,
werft sie zurück in die Wirklichkeit.
Denn das Geheimnis des Lebens
findet man im Leben selbst,
nicht in Lehren über das Leben.

2.

Eine Summe an Freude

Und wie mit den Lebenszeiten, so ist es auch mit den Tagen. Keiner ist uns genug, keiner ist ganz schön, und jeder hat, wo nicht seine Plage, doch seine Unvollkommenheit, aber rechne sie zusammen, so kommt eine Summe Freude und Leben heraus!

Friedrich Hölderlin

Zur Freude bestimmt

Notker Wolf

Wir sind zum Glück und zur Freude bestimmt, nicht zum Leiden und zum Unglück. Keiner wird auf die Frage, wozu er geboren sei, sagen: zum Trauern. Zum Leben, wenn es da ist, gehört Fülle, auch die Freude in Fülle. Jesus hat gesagt: Ich möchte, dass sie das Leben in Fülle haben – und damit auch die Freude in Fülle. Gemeint ist echte Freude, nicht die Scheinfreude, die die Werbung aufoktroyiert. Jesu Grundgefühl ist die Freude am Leben. Diese Freude, die aus Gott kommt, ist eine Möglichkeit, Gott kennenzulernen. Das ist der Kern seiner Botschaft: »damit meine Freude in euch ist und damit eure Freude vollkommen wird« (Joh 15,11).

Fröhlich sein

Anselm Grün

Wenn ich durch die Fußgängerzone einer Stadt gehe und in die Gesichter sehe, begegne ich kaum fröhlichen Menschen. Da schauen die einen nur auf den Boden, um möglichst schnell zu ihrem Ziel zu kommen. Andere starren auf ihr iPhone. Aber auch dabei schauen sie nicht fröhlich aus. Auf der anderen Seite gibt es den Zwang zur Fröhlichkeit. Als ich einmal in einer Talkshow war, forderte der Assistent des Moderators alle Zuschauer auf, alles möglichst fröhlich zu nehmen und auf alles mit einem fröhlichen Lachen zu reagieren. Ich habe mich in dieser Situation nicht gut gefühlt. Ein solcher Zwang zur Fröhlichkeit ist Ausdruck von Banalität und Oberflächlichkeit. Man weigert sich, sich einem ernsten Thema zu stellen. Man will aus allem etwas Lustiges machen, um sich nicht berühren zu lassen.

Luther nannte die Freude den »Doktorhut des Glaubens«. Fröhlich zu glauben, das war für ihn die Haltung eines Christen. Die Fröhlichkeit ist also nicht nur eine Sache des Gemüts, sondern eine geistliche Haltung. So drückt es Bartholomäus Helder um das Jahr 1635 in einem Lied aus: »Ich freu' mich in dem Herren / aus meines Herzens Grund, / bin fröhlich Gott zu Ehren / jetzt und zu aller Stund'.« Solche Fröhlichkeit ist die Antwort auf die Erfahrung, dass ich von Christus ganz und gar angenommen bin, dass ich aufhören darf, mir ständig Vorwürfe oder ein schlechtes Gewissen zu machen.

Die frühen Mönche sprechen von der Heiterkeit, von

der »hilaritas« der Seele. Auch für sie ist diese Heiterkeit ein Ergebnis des spirituellen Weges. Sie ist mir nicht einfach angeboren. Wenn ich vielmehr im Vertrauen auf Gott meiner eigenen Wahrheit begegne und weiß, dass ich mit allem, was ich bin, von Gott angenommen bin, dass Gottes Liebe alles in mir durchdringen kann, dann kann ich heiter und gelassen leben.

Wenn wir einem fröhlichen Menschen begegnen, tut uns das selber gut. Der fröhliche Mensch lässt sich am Morgen nicht durch das schlechte Wetter verdrießen. Er kommt fröhlich in die Firma, während andere schon am Morgen mit schlechter Laune ankommen. Wer mit schlechter Laune die Arbeit beginnt, bei dem kann nicht viel herauskommen. Und er erlebt die Arbeit als eine Last. Wer fröhlich in die Arbeit geht, dem macht sie Vergnügen. Er lässt sich seine Fröhlichkeit auch nicht nehmen, wenn ihm etwas misslingt oder wenn er einem unzufriedenen Menschen begegnet, der ihn kritisiert oder ihn mit seiner Bitterkeit überschüttet. Der fröhliche Mensch nimmt alles leicht. Er nimmt das Bittere in seiner Umgebung durchaus wahr und verschließt seine Augen auch nicht vor dem Leid. Er lässt sich durchaus auf das Leid anderer Menschen ein. Aber er lässt sich davon nicht seine Grundstimmung von Vertrauen und Fröhlichkeit nehmen. Er wird das Harte, das ihm ein anderer erzählt, nicht durch seine Fröhlichkeit entwerten oder überspringen. Er versucht, den Leidenden zu verstehen. Aber dann findet er auf einmal Worte, die den Leidenden zum Lachen bringen. Er entdeckt das Komische auch in harten Dingen. Und so vermag der Leidende seine Situation auf einmal mit anderen Augen anzuschauen. Er vermag sich vom Leiden zu distanzieren, indem er darüber lachen kann.

Als der fröhliche Heilige wird Johannes Bosco verehrt. Schon als Jugendlicher gründet er einen »Club der Fröhlichen«. Er moralisiert nicht, sondern unterhält die Jugendlichen mit seiner Fröhlichkeit, mit Seiltanzen und Zauberkunststücken. Bekannt ist sein Motto geworden: »Fröhlich sein, Gutes tun und die Spatzen pfeifen lassen.« Don Bosco war aber nicht oberflächlich. Er baute ein riesiges Werk für seine Jugendlichen auf: Werkstätten, Wohnheime und Schulen. Seine Fröhlichkeit war Ausdruck seiner Liebe zu den Menschen. Und sie war sicher auch eine natürliche Veranlagung, für die er dankbar war. Es gibt beides: die Fröhlichkeit als Grundzug eines Charakters, für den man nur dankbar sein kann – und die Fröhlichkeit als Folge eines spirituellen Weges, auf dem man sich selbst nicht so ernst nimmt.

Die ganze Welt umarmen

Petra Altmann

Voll Freude war ich, da sie mir sagten: Wir ziehen zum Hause des Herrn! Schon treten unsere Füße in deine Tore, Jerusalem. Jerusalem, du Stadt, so herrlich erbaut. Dorthin ziehen die Stämme hinauf, die Stämme des Herrn, den Namen des Herrn zu lobpreisen.

Psalm 122,1–4

Freude, mein Herz springt vor Glück über eine wunderbare Nachricht. Ich bin erfüllt von Wärme, von Wohlbefinden. Wie ein Fluss durchströmt die Freude meinen Körper.

Ich möchte sie mit anderen teilen und benachrichtige die Menschen, die mir am vertrautesten sind.

Meine Freude überträgt sich auf diejenigen, die mir zur Seite stehen, die mit mir Freud und Leid teilen. Mein Glücksgefühl wird größer, wenn ich merke, dass die anderen sich mit mir freuen.

Lauthals lachen möchte ich vor Freude. Mich übermütig vor Freude einen Hang hinunterkugeln wie ein Kind. Ich jauchze und lache im Wechsel und kann meine Freude kaum fassen.

Ich möchte singen vor Freude. Ganz für mich alleine lege ich meine Lieblingsmusik auf und stimme lauthals ein. Sollen die anderen sich doch wundern. Heute halte ich meine Gefühle nicht zurück.

Die ganze Welt könnte ich umarmen. Ich breite die Hände aus und umfange damit in Gedanken alle Menschen, die mir lieb und wichtig sind. Ich wage die ersten Tanzschritte und stelle mir vor, dass alle Freunde um mich versammelt sind und sich mit mir gemeinsam bewegen. Immer wilder und freudiger. Die Freude macht mich ausgelassen.

Die Freude schafft Gegenwart. Und umgekehrt bewirkt die Fähigkeit, ganz im Augenblick zu sein, Freude. Freude ist Ausdruck des reinen Seins, der klaren Gegenwart.

Anselm Grün

Das Tor zum Herzen öffnen

Christa Spannbauer

Ja, warum eigentlich verschieben wir die Freude immer wieder auf den nächsten Tag? Weshalb fällt es uns oft so schwer, uns am heutigen Tag zu erfreuen und das Hier und Jetzt zu genießen? Wieso glauben wir, erst wenn wir noch dieses oder jenes hätten, wenn endlich Urlaub oder Wochenende wäre, könnten wir glücklich sein? Dabei bietet uns jeder Tag so viele Momente der Freude! Wir müssen sie nur aufspüren, wahrnehmen und wertschätzen lernen. Oftmals sind es die einfachen Dinge des Lebens, die kleinen Freuden des Alltags, die unseren Tag verschönern. Wenn wir diese Augenblicke ganz bewusst in unser Herz aufnehmen, können wir auch in schwierigen Zeiten davon zehren. Es liegt einzig an uns, die Freude in unser Leben einzuladen und ihr das Tor zu unserem Herzen zu öffnen.

Alles bereit

Pierre Stutz

»Kommt, alles ist bereit«, heißt es in einem Gleichnis Jesu im Neuen Testament. Es ist eine Einladung zu einem Hochzeitsmahl (Lukas 14,17). Diese Worte strahlen die Gelassenheit aus, dass das Wesentliche schon da ist. Die Antworten all meiner Fragen sind in mir. Das Leben ist mir geschenkt. Ich werde es mir nie erleisten können. Meine Aufgabe liegt darin, die Einladung anzunehmen. Die Einladung der tiefen Lebenskraft in mir, der Christuskraft als Quelle des Lebens in mir, erfolgt täglich – sie erfolgt jede Sekunde meines Lebens an mich. Mit dieser Einladung zu rechnen, auf sie zu hören, ihr Raum zu verschaffen, ihr eine Priorität im Leben einzuräumen, gehört zum Zentrum eines spirituellen Weges der engagierten Gelassenheit. Ich gehe diesen Weg Schritt für Schritt, indem ich mir den Tag hindurch morgens, mittags, abends, am Wochenende Zeit nehme, um nachklingen zu lassen, was ich erlebt habe. Denn in meiner Lebenslust, meinen Enttäuschungen, meinen Visionen, meiner Unzufriedenheit höre ich die Worte Jesu: »Es ist alles bereit!« In diesem achtsamen Verweilen, im Ernstnehmen der Gegenwart gestalte ich aktiv und verantwortungsvoll an meiner und an einer menschlicheren Zukunft. Die Tiefe meiner Erfahrungen entdecke ich, wenn ich verweile, wenn ich anders sehe und wahrnehme. Anthony de Mello zeigt es in einer wunderbaren Geschichte auf:

»Es gibt drei Stufen in der geistigen Entwicklung

eines Menschen«, sagte der Meister. »Die sinnliche, die geistige und die göttliche.«

»Was versteht man unter der sinnlichen Stufe?«, fragten die interessierten Schüler.

»Das ist die Stufe, auf der Bäume als Bäume und Berge als Berge angesehen werden.«

»Und die geistige?«

»Auf der sieht man tiefer in die Dinge hinein, dann sind Bäume nicht mehr Bäume und Berge nicht länger Berge.«

»Und die göttliche?«

»Nun, das ist die Erleuchtung«, sagte der Meister mit einem leisen Lachen, »wenn die Bäume wieder zu Bäumen und Berge wieder zu Bergen werden.«

Diese Erleuchtung, dieses leise Lachen, wünsche ich uns im Entdecken des Wunderbaren im Alltäglichen. Es geschieht, wenn ich die Erwartung einer großen Erleuchtung durchbreche, wenn ich das große Wunder wahrnehme, das sich im Nachwirkenlassen meiner Erfahrungen ereignet.

Gelassen der Mensch
der nicht zu weit sucht
der im Alltäglichen
dankbar staunt über die
wunderbaren Vertrauenszeichen
Gottes in dieser Welt

Es darf gelacht werden

Lorenz Marti

Es ist so selbstverständlich, dass sich kaum jemand darüber wundert. Dabei ist es äußerst komisch: das Lachen. Da verziehen Menschen ihre Mundwinkel, schütteln sich und geben seltsame Töne von sich. Sie wiehern und gackern, sie krächzen und quietschen in allen Tonlagen. Viele schließen dabei ihre Augen, bei einigen kullern Tränen über die Wangen. In der gröberen Variante kreischen sie, japsen nach Luft, krümmen sich und scheinen gleich zu platzen, so dass man sich beinahe Sorgen um sie machen muss. Doch die Attacke ist so schnell vorbei, wie sie gekommen ist.

Herrgott, was für eine seltsame Erfindung, dieses Lachen! Eigentlich höchst unzivilisiert, einfach so loszuprusten und sich gehen zu lassen. Kurze Momente einer ungebändigten Freiheit, jenseits von Regel und Konvention. Menschen zeigen sich dabei gelegentlich von Seiten, die ihnen unter normalen Umständen peinlich wären. Aber das alles dauert bloß ein paar Sekunden, und so bleibt die Fassade, die eben einen leichten Riss bekommen hat, gewahrt.

Das Lachen hat etwas Anarchistisches. Es durchbricht den geordneten Lauf der Dinge und bringt alles etwas durcheinander. Es lässt sich nicht machen und auch nicht einfach abstellen. Der Schriftsteller George Orwell deutet das Lachen als kleine Revolte, als trotziges Aufbegehren gegen die Normen von Verstand und Moral. Es lockert nicht nur die Gesichtsmuskeln, sondern auch das Denken. Feste Meinungen und fixe Muster geraten ins Wanken, Selbstverständliches wird in Frage gestellt, neue Perspektiven eröffnen sich. Eine durchaus befreiende Erfahrung.

Im Spätmittelalter ist in den Kirchen der Brauch des Osterlachens aufgekommen. Lachen als Protest gegen das Erstarrte, Tote – und als Ausdruck einer tiefen Freude. Um die Gemeinde während des Ostergottesdienstes zum Lachen zu animieren, erzählten die Pfarrer gerne lustige Geschichten und Witze. Einige gingen dabei ziemlich weit, machten die Kanzel zur Bühne, schnitten Grimassen, streckten die Zunge heraus, grinsten, grunzten und provozierten bis an die Grenze des guten Geschmackes.

Im sittenstrengen Protestantismus kam dieser Brauch nicht gut an, auch die Aufklärer fanden ihn höchst unvernünftig, und so verstummte das österliche Gelächter und der liturgische Ernst zog ein.

Sie mögen übertrieben haben, die Showmänner auf der Kanzel, die Grenze zwischen lustig und primitiv ist bekanntlich schnell überschritten. Doch ein herzhaftes Lachen würde nach wie vor gut zu Ostern passen. Schließlich ist dieses Fest eine fröhliche Demonstration für das Leben und das Lebendige.

Auch wenn – oder gerade weil – dieses Leben oft schwierig ist: Es darf gelacht werden!

Die beste Medizin

Christa Spannbauer

Kinder lachen etwa 400 Mal am Tag, Erwachsene nur noch 15 Mal. Wieso verlernen wir im Laufe unseres Lebens das Lachen? Weshalb nur nehmen wir als Erwachsene alles so schrecklich ernst? Dabei gibt es doch kaum etwas Schöneres, als zu lachen, albern zu sein, sich heiter und spielerisch mit anderen Menschen zu verbinden. Lachen befreit, macht unser Herz leicht und weit und entspannt unseren Körper. Und es gibt so viele Gelegenheiten für ein Schmunzeln, ein Kichern, ein herzhaftes Gelächter. »Humor ist, wenn man trotzdem lacht«, heißt es so schön im Volksmund. Denn wer auch schwierigen Situationen ein Lächeln abgewinnen kann, bewältigt Probleme mit größerer Leichtigkeit. Und wem es gelingt, sich selbst nicht so schrecklich ernst zu nehmen und über sich selbst zu lachen, der ist wahrhaft weise. Denn Lachen ist gesund, besagt eine alte Lebensweisheit, und die moderne Medizin bestätigt es: Beim Lachen werden Glückshormone ausgeschüttet – die beste Medizin gegen Stress, Ärger und Angst.

3.

Genieße dein Leben

Die meisten Menschen laufen so heftig dem Ge-
nusse nach, dass sie an ihm vorbeilaufen.

Søren Kierkegaard

Das Leben – ein Fest

Anselm Grün

Für die stoische Philosophie ist unser Leben ein permanentes Fest. Wir feiern, dass wir Menschen sind mit einer göttlichen Würde. In der Langsamkeit unserer Bewegungen wird etwas von diesem Fest erfahrbar. Wir fassen die Dinge langsam an, wir schreiten langsam. Wir lassen uns Zeit für ein Gespräch. Wir lassen uns Zeit zum Essen. Wir essen ganz langsam und bewusst. Und auf einmal merken wir, wie es uns schmeckt. Wir können genießen. Wir feiern auch ein Fest, wenn wir ganz langsam eine Scheibe Brot kauen.

Keine Zeit

Anthony de Mello

Von einer Reise zurückgekehrt, erzählte der Meister von einer Begebenheit, die er für ein Gleichnis des Lebens hielt. Während eines kurzen Aufenthalts war er an einen einladend aussehenden Essensstand gegangen, an dem köstliche Suppen, heißer Curry und alle möglichen verlockenden Gerichte angeboten wurden. Er bestellte eine Suppe. »Gehören Sie zu dem Bus?«, fragte die Bedienung. Der Meister nickte. »Es gibt keine Suppe.« »Dann bitte heißen Curry mit gedämpftem Reis«, bat der Meister irritiert. »Nein, wenn Sie zum Bus gehören. Sie können belegte Brote haben. Ich habe den ganzen Morgen gebraucht, um diese Speisen zuzubereiten, und Sie haben kaum zehn Minuten Zeit zum Essen. Ich möchte Sie kein Gericht verzehren lassen, für das Sie nicht die Zeit haben, es zu genießen.«

Genießen können

Notker Wolf

Wenn wir den Zusammenhang von Glück und Glauben reflektieren, kommen wir nicht umhin zu sehen: Es gibt auch im Christentum eine Geschichte innerer Unfreiheit. Es gab da etwa auch immer den Trend zur Leidensverherrlichung. Das war die Schattenseite der anderen grundlegenden Erfahrung, dass Leid keineswegs immer mit Unfreiheit verbunden ist. Wir sind ja zum Teil noch so erzogen worden: Es muss weh tun. Es darf nicht gut sein. Das Essen muss man hinunterdrücken – nur weil man es braucht, damit man nicht verhungert. Lust ist nur erlaubt, wenn es darum geht, Kinder zu zeugen. Und als Kind haben wir noch gehört: Was süß ist für den Mund, ist sauer für den Magen. Die gesunden Dinge schmecken sowieso alle nicht gut.

Zur Christusnachfolge gehört zweifelsohne die Kreuzesnachfolge, doch bestand das Ziel Jesu nicht im Leiden, sondern in der Überwindung des Leids. Benedikts Christusbild ist der Auferstandene, der Lebendige, der in der Gemeinschaft der Kirche und des Klosters lebt. Die Grundstimmung ist die Freude des befreiten Menschen. Benediktiner galten noch nie als Kostverächter. Auch das Genießenkönnen wird zu einem Zeichen christlicher Freiheit.

Geschmack am Leben finden

Schwester Gisela Ibele

In unserer Kultur ist es unanständig, die Zunge zu zeigen. Kinder machen mitunter ein Spiel daraus. Sie betrachten ungeniert ihre Zunge im Spiegel und erkunden, wer die längste, die beweglichste Zunge hat. Mit dem Erwachsenwerden bekommt unsere Zunge ihren Platz im Mundraum zugewiesen. Dort darf sie nur nach draußen, wenn es der Arzt will oder wenn wir im Dunkeln munkeln. Die Werbung hat sich dieses geschmackvollen Sinnesorgans schon immer angenommen. Sie weiß um ihre anregende Wirkung hinsichtlich des Konsums und der sexuellen Kraft des Menschen. Essen, Lust und Sexualität werden oft zeitgleich wahrgenommen.

Essen hat aber auch noch eine andere Wirkung. Ich kenne das Gefühl, bei einer sympathischen Gesprächsrunde einen guten Geschmack auf der Zunge zu spüren. Ich weiß aber auch um die vergebliche Mühe, einen Mitmenschen anzunehmen, dessen Geruch und Geschmack ich nicht leiden kann.

Nicht nur die Geschmäcker sind verschieden, auch wir Menschen sind verschieden.

Kenne ich überhaupt meinen eigenen Geschmack? Kann ich mir eine eigene Meinung bilden? Auf den eigenen Geschmack kommen braucht Erfahrung und die Fähigkeit, genießen und differenzieren zu können. Das kann man zum Glück lernen.

Wohlgerüche und gutes Essen schätzt der Mensch von jeher. Das bewusste Kosten kommt nur zustande, wenn die Flüssigkeit oder die Speise mit allen Zonen der Zunge in Berührung kommt: süß an der Zungenspitze, sauer an der Zungenseite, salzig am Zungenrand, bitter im hinteren Teil der Zunge. Das erfordert Zeit.

Unser Geschmacks-Sinn wird besonders befriedigt durch die Vereinigung von Gegensätzen. »Süß-sauer« ist beispielsweise eine eigene Geschmacksrichtung der chinesischen Küche.

Das lateinische Wort *sapere* heißt zunächst »schmecken« und dann »verstehen, kennen, wissen«.

Im Geschmack erkennen wir den Charakter einer Speise, nehmen wahr, ob das Geschmeckte echt oder unecht ist, verdorben oder wohlbekömmlich.

Wenn ein Kleinkind seine Welt kennenlernt, geschicht dies zunächst über den Geschmackssinn. Erkenntnis vollzieht sich auch im Gaumen, mit der Mundschleimhaut, mit der Vereinigung, dem Einssein mit dem, was mich satt macht. Das ist nicht nur die Brust der Mutter, sondern eben alles, was zwischen die Finger kommt. Ohne Berührung mit der Mundschleimhaut vollzieht sich die Erkenntnis der Dinge nur unvollkommen.

Die Bibel ermutigt zu einem ganzheitlichen Leben: »Geh deinen Weg vor mir und sei ganz« (Genesis 17,1). Das ist Aufforderung, ganz Mensch zu sein im Hier und Jetzt, gegenwärtig mit Fleisch und Blut, mit Leib, Seele und Geist. Das Essen ist die gelebte Lust des Daseins im Miteinander und Füreinander – ganz auf der Spur Jesu: »Das ist mein Leib für euch und für alle.«

Jedes Essen wird zur Einübung des göttlichen Ja zur Erde, zum Leib, zu Leidenschaft, zu Schönheit, wenn es die Bezogenheit auf den Schöpfer besitzt und sich ihm verdankt weiß.

Gottes Schöpfung ist es ja, die es zu bewahren, zu feiern und auch zu genießen gilt. Das christliche Tischgebet hat seine Wurzeln im Judentum: »Und du sollst essen und satt werden und segnen den Ewigen, deinen Gott, für das gute Land, das er dir gegeben hat« (Deuteronomium 8,10). Dank und Segen gehören zusammen. Der Lobpreis Gottes segnet zugleich die Speisen. »Alles, was Gott geschaffen hat, ist gut und nichts ist verwerflich, wenn es mit Danksagung empfangen wird; es wird ja geheiligt durch Gottes Wort und Gebet« (1 Timotheus 4,4–5).

Die Tatsache, dass wir der Nahrung bedürfen und nie ein für alle Mal satt sind, ist ein Zeichen, dass wir Geschöpfe sind und eine Hinwendung zum Schöpfer brauchen. Jede gesegnete Mahlzeit ist daher auch Gottesdienst, ein Lobpreis auf Gott, den Geber aller Gaben, ein spiritueller Vollzug, denn ich verleibe mir ein, was außerhalb von mir ist, und mache mir die Gabe Gottes zu eigen. Essen ist Voraussetzung dafür, dass mein Körper, aber auch mein Geist und meine Seele Nahrung haben.

Ein Anflug von Himmelsglück

Lorenz Marti

In einem Ratgeber für Schokoladensüchtige lese ich: »Sie sollten alles versuchen, um aus diesem Teufelskreis so schnell wie möglich herauszukommen!« Doch was heißt hier schon Teufel, ist die Schokolade denn nicht ein Geschenk des Himmels? Nach den Legenden der ersten Schokoladenesser, der Indianer, hat der Gott des Windes höchstpersönlich die Kakaobohne auf die Erde gebracht. Und ein frommer katholischer Missionar verfasste gar eine »Elegia in laudem cocolatis«, eine »Ode an den Kakaobaum«.

Dass auch Erleuchtete den süßen Genuss durchaus zu schätzen wissen, zeigt die Geschichte eines sterbenden Zen-Meisters. Sein letzter Wunsch war ein Stück Schokoladenkuchen. Als die Schüler ihm den Kuchen ans Sterbebett brachten, huschte ein Lächeln über sein müdes Gesicht. Mit zittrigen Fingern nahm er ein Stück und begann langsam zu kauen. Schließlich fragte einer seiner Schüler: »Meister, bald wirst du uns verlassen. Was ist deine letzte Botschaft?« Darauf der Alte: »Mmh, dieser Kuchen ist wunderbar!«

Wer Schokolade so genießen kann, wird nicht zu viel davon essen. Der Genuss wird zur Meditation, das richtige Maß stellt sich von selber ein. Keine Spur von Teufelskreis, aber vielleicht ein Anflug von Himmelsglück.

Die Zeit genießen

Anselm Grün

Kürzlich sagte mir jemand, sein alter Vater habe sich über einen Tag geärgert, der nicht zu seiner Zufriedenheit verlaufen war. »In meinem Alter hat man nichts mehr zu verschenken«, sagte er. Es kommt darauf an, wie man den Satz versteht. Wenn er meint, er müsse noch vieles in seinem Leben erledigen und heute habe er gar nicht viel tun können, er habe heute gar nichts geleistet, dann könnte man den Satz als Zeichen innerer Armut eines Menschen sehen, der sich zu sehr von dem her definiert, was er nach außen tun kann. Aber man kann den Satz auch anders verstehen. Der Vater war unzufrieden über den Tag, weil er sich über andere geärgert hat, weil er zu sehr über andere geschimpft hat, weil es nur Missverständnisse gab. Das wäre eine gute Selbsteinsicht. Weil meine Zeit begrenzt ist, will ich die Tage nicht mit unnützem Geschwätz oder mit unnötigen Streitereien verbringen. Ich möchte bewusst leben. Jeder Tag ist kostbar, auch wenn nach außen nicht viel geschieht. Aber mit welcher inneren Haltung ich den Tag lebe, das hängt von mir ab. Und vielleicht hat hier ein älterer Mensch einfach nur ein feines Gespür dafür, dass er die Tage, die ihm gegönnt sind, bewusst und intensiv leben möchte, dass er in den Gesprächen präsent sein möchte, offen sein für den, der ihm heute begegnet, und für das, was in der Welt geschieht. Er möchte nicht einfach so dahinleben. Er spürt, dass das Leben eines Menschen kostbar ist. Er möchte eine gute Spur in diese

Welt eingraben. Und so ärgert er sich, wenn die Spur des Tages unklar und trüb war. Wir haben unsere Tage nicht zu verschenken in dem Sinn, dass wir sie leer vorüberziehen lassen. Aber wir sollen in der Zeit uns selbst verschenken, dann wird jeder Tag ein geschenkter Tag und nicht ein verschenkter sein.

Die Tatsache, dass unser Leben endlich und begrenzt ist, kann Angst einjagen. Keiner von uns weiß, wie lange er noch leben kann. Aber die Begrenzung könnte auch eine Chance sein, sich über die Maßstäbe und Werte des eigenen Lebens Gedanken zu machen. Was ist mir wirklich wichtig? Welche Werte möchte ich leben? In welcher inneren Verfassung und Haltung möchte ich die Zeit leben, die mir geschenkt ist?

Wir sollen die Zeit nutzen, damit wir bewusst und intensiv leben. Wir sollen unsere Zeit auch genießen. Dieser Genuss ist kein Egoismus. Wenn wir unsere Zeit genießen, geben wir ihr einen guten Geschmack. Dann ist unsere Zeit auch eine kostbare Zeit für die Menschen um uns herum. Wenn ich die Zeit totschlage oder sie mit hektischer Aktivität fülle, nütze ich niemandem. Wenn für mich alles langweilig ist, will niemand an meiner Langeweile teilhaben. Wenn ich ständig Hektik um mich verbreite, fliehen die Menschen vor mir. Sie wollen sich nicht von meiner Hektik anstecken lassen. Aber wenn ich die Zeit genieße, werden es auch die Menschen genießen, mit mir zusammen zu sein. Sie möchten dann etwas lernen von meiner Lebenskunst, im Einklang mit mir und dem Leben zu sein, mit der Kunst, das Wenige, das ich habe, zu genießen. Die Zeit bleibt immer dieselbe. Aber wenn wir die Zeit genießen, bekommt sie eine andere Qualität, für uns selbst und für die Menschen um uns herum.

Geh in den Wald

Phil Bosmans

Der Kalender voller Termine, von einer Verabredung zur anderen hetzen? Geh in den Wald!

Lebensmüde und kaputt, erdrückt von tausend Dingen, die nicht nötig sind? Geh in den Wald!

Da ist Frühling. Da warten die Bäume auf dich. Herrliche Bäume, die schweigend von der Stille zehren und von dem Saft, der bis in die letzten Zweigspitzen steigt. Da singen die Vögel für dich. Wo bleibst du, um ihnen zu lauschen? Da findest du Ruhe, unsagbaren Frieden. Leg dich unter einen Baum, steck einen Grashalm in den Mund und genieße seliges Nichtstun. Dann kommen die besten Gedanken und die schönsten Träume über dich. Geh in den Wald!

Da bekommst du einen klaren Kopf, eine ruhige Seele und ein friedliches Herz. Und du sagst zu mir: Wenn ich das doch könnte! Und ich antworte dir: Du bist ja schon unterwegs!

Das süße Nichtstun

Christa Spannbauer

Das süße Nichtstun genießt in unserer Gesellschaft, die immer noch von dem Sprichwort »Müßiggang ist aller Laster Anfang« regiert wird, leider keinen hohen Stellenwert. Bereits unsere Eltern trieben uns mit dieser Einstellung an, und so jagen wir noch heute durchs Leben. Wir sind darauf getrimmt worden, ständig aktiv zu sein. Wie oft sind wir in Gedanken bereits bei dem, was wir noch tun sollten oder erreichen könnten? Und verpassen dabei so viele unwiederbringliche und einzigartige Momente des Lebens. Selbst in unserer Freizeit laufen wir zu geschäftiger Höchstform auf. Wir haben es verlernt, einfach einmal nichts zu tun. Dabei belegen wissenschaftliche Forschungen, dass wir Zeiten des Nichtstuns brauchen, um aufzutanken, Kraft zu schöpfen und Raum für Neues zu schaffen. Es sind die Zeiten des Müßiggangs, die sich im Nachhinein oft als die schöpferischsten Phasen unseres Lebens erweisen.

4.

Das Aufbrechen der Schale

Euer Schmerz kommt vom Aufbrechen der Schale, die euer Verstehen umschließt. So wie der Stein einer Frucht aufbrechen muss, damit sein Herz in der Sonne sein kann, so müsst ihr Schmerz erleben.

Khalil Gibran

Kraft in der Krise

Margot Käßmann

Krisen gehören zum Leben. Das griechische Wort »krinein« bedeutet »unterscheiden«. Das würde mir auf den zweiten Blick in der Tat gut gefallen: Wir lernen zu unterscheiden zwischen Wichtig und Unwichtig etwa. Fernsehen, Geld und Lottozahlen sind weniger wichtig als Glaube, Liebe, Hoffnung. Schnelle Rendite? Längst nicht so interessant wie das Einstehen füreinander. Wachstum ist kein Gott, den ich anbete, sondern ein nachhaltiger Lebensstil. Und Gottvertrauen ist wichtiger als Geld. Miteinander bringt mehr als Egomanie. Sogar bei den Geschenken scheint die ja nun schon ausgebrochen – in der Zeitung war zu lesen, wir mutierten nun zu »Ego-Shoppern«. Bitte nicht: Wir schenken, um uns zu freuen aneinander, über das Gottesgeschenk Jesus.

Ja, es gibt Krisen in unserem Leben, schon heute und vielleicht morgen; aber wir dürfen uns auch freuen, hier und heute, an unserem Leben, am Zusammensein, am Singen und Beten. Beten wir für Frieden in der Welt, geben wir Brot für die Welt, damit der Hunger ein Ende hat, und bitten wir Gott um Kraft, mit den Krisen unseres Lebens und den Krisen unserer Erde angemessen umgehen zu können, wenn sie uns erreichen. Mich ermutigt der Gedanke, dass Gott uns die Kraft zur Bewältigung von Krisen nicht im Voraus gibt, weil wir sonst hochmütig werden. Aber wir dürfen darauf vertrauen, dass Gott uns mitten in der Krise die Kraft gibt, damit umzugehen, wenn wir Gott darum bitten.

Welchen Blick haben wir auf die Welt, auf unser Leben? Ist unser Blickwinkel rein negativ? Oder gehen wir mutig auf die Probleme unserer Beziehung zu? Sie sind ja Teil unseres Lebens. Legen wir die Frage, ob das Studium mich zu einem Arbeitsplatz führt, voll Gottvertrauen in die Zukunft. Sprechen wir über die Angst, allein zu sein. Sehen wir das Leben als Geschenk aus Gottes Hand: Du wirst mich Wege führen, auf denen ich gehen kann. Ich kann nicht tiefer fallen als in Gottes Hand …

Wenn ihr voller Freude seid, seht tief in euer Herz und ihr werdet entdecken, dass nur, was euch vorher trauern ließ, euch jetzt Freude gibt. Wenn ihr betrübt seid, seht wieder in euer Herz und ihr werdet entdecken, dass ihr in Wirklichkeit über das weint, was euch früher Freude machte.

Khalil Gibran

Wachen Sie auf!

Anthony de Mello

Die großen Mystiker und Meister des Ostens stellen die Frage: »Wer bist du?«

Viele meinen, die wichtigste Frage der Welt sei: »Wer ist Jesus Christus?« Falsch!

Andere meinen, sie laute: »Gibt es einen Gott?« Auch falsch!

Wieder andere denken, es sei die Frage: »Gibt es ein Leben nach dem Tod?« Wiederum falsch!

Niemand scheint sich mit dem Problem zu befassen: Gibt es ein Leben vor dem Tod? Doch nach meinen Erfahrungen sind die, welche sich mit so etwas beschäftigen und ganz gespannt darauf sind, was sie mit dem nächsten Leben anfangen sollen, genau diejenigen, die nicht wissen, was sie mit diesem Leben anfangen sollen. Ein Zeichen dafür, dass Sie wach geworden sind, ist, dass Sie sich keinen Deut darum kümmern, was im nächsten Leben geschehen wird. Sie halten sich nicht damit auf und kümmern sich nicht darum. Sie sind nicht daran interessiert, punktum.

Wissen Sie, was ewiges Leben ist? Sie meinen, es sei ein Leben ohne Ende. Doch Ihre eigenen Theologen werden Ihnen sagen, dass das eine verrückte Vorstellung ist, denn ›ohne Ende‹ ist immer noch ein Zeitbegriff – Zeit, die für immer fortdauert. Ewig heißt zeitlos – ohne Zeit. Für den menschlichen Verstand ist das etwas Unfassbares. Der menschliche Verstand kann Zeit verstehen und sie leugnen. Was zeitlos ist, übersteigt unsere Vorstellungskraft. Die Mystiker jedoch lehren uns, dass die Ewigkeit jetzt geschieht. Ist das keine gute Botschaft?

Ewigkeit geschieht jetzt. Die meisten Menschen sind sehr beunruhigt, wenn ich ihnen sage, sie sollten ihre Vergangenheit vergessen. Sie sind doch so stolz auf ihre Vergangenheit – oder sie schämen sich dafür. Vergessen Sie das alles! Wenn man Ihnen sagt: »Bereuen Sie Ihre Vergangenheit«, sollten Sie sich klarmachen, dass das eine groß aufgezogene Ablenkung vom Wachwerden ist. Werden Sie wach! Zu bereuen bedeutet, wach zu werden, und nicht: »wegen seiner Sünden zu weinen«. Werden Sie wach, und hören Sie mit dem Weinen auf. Wachen Sie auf!

Die Zeit der Dunkelheit

Pierre Stutz

Neues Leben entsteht in der Dunkelheit. Neues Leben richtet sich auf das Licht aus. Wir können der Kraft der Dunkelheit mehr trauen, sie ist ein Schonraum für das Wachstum. Wesentliches kann sich ereignen im Dunkeln – im Bauch des Fisches etwa, wie die biblische Jonageschichte zeigt. Jona erkennt erst durch sein Geworfensein in die Dunkelheit der Tiefe sein wahres Selbst, seine Lebensaufgabe.

Wohltuend ist für mich beim Lesen dieser Geschichte die Erkenntnis, dass dieser innere Geburtsprozess einfach geschieht, wenn die Zeit reif ist. Meine Aufgabe ist, mich trotz Angst und Verunsicherung diesem Lebenslauf nicht entgegenzustellen. Vom hellen Chicoréegemüse lerne ich, dass nur im Dunkeln kraftvolle weiße Blätter wachsen und reifen können. Die Wurzeln, die meist wie abgestorben aussehen, werden in einer Dunkelkammer ins Wasser gelegt. Wenn ich nach einer langen Wartezeit die Türe öffne, dann bin ich jedes Jahr zutiefst erstaunt über dieses große Wunder des Wachstums, das im Dunkeln geschieht. Es wird mir zur Lebenshilfe, um dunkle Zeiten, Erfahrungen des sogenannten Stillstandes, in einem anderen Licht zu sehen. Wenn wir lebendig bleiben wollen, dann werden wir immer wieder dunkle Zeiten erfahren, in denen so viel Neues wachsen kann.

Auch auf einem intensiven spirituellen Weg kann ich der »dunklen Nacht der Seele« nicht ausweichen, wie der Mystiker Johannes von Kreuz sie beschreibt. Es braucht sie manchmal, um die Wärme und das Licht des inneren Feuers wieder neu zu entdecken. Denn der Zugang zu dem, was ich wirklich brauche und wirklich kann, kann sich mir manchmal erst durch eine Krise, ein Zurückgeworfensein auf mich selber, auch auf meine Schattenseiten, neu eröffnen.

Neues Leben sehnt sich immer nach Licht, darum werden in allen Religionen während der zunehmenden Dunkelheit Lichtfeste gefeiert, wie das hinduistische Lichterfest *Divali*, das jüdische Lichtfest *Chanukka* oder die christlichen Lichtfeiern in der Advents- und Weihnachtszeit. Licht und Schatten gehören zu unserem Leben: Je größer das Licht ist, umso größer ist auch der Schatten. Echte Menschwerdung ereignet sich in der alltäglichen Annahme dieser Wirklichkeit, nicht nur intellektuell, sondern auch emotional und spirituell.

Der Freude bedürftig

Antje Sabine Naegeli

Wie viele Male setzen wir
der aufkommenden Freude
ein Aber entgegen.
Wie, wenn wir
in gleicher Weise
einmal mit unseren Traurigkeiten
umgingen.

Freude,
wie Brot
brauche ich sie.
Unsere tägliche Freude
gib uns heute.

Der erste Schritt

Phil Bosmans

Was ich am schwersten geben kann, muss ich als Erstes geben: vergeben. Immer wieder aufs Neue vergeben. Wenn ich aufhöre zu vergeben, steht sofort eine Mauer da. Und eine Mauer ist der Anfang von einem Gefängnis.

Es gibt so günstige Gelegenheiten, Frieden zu schließen, Streit auszuräumen. Ich habe so oft Gelegenheit, ein Geschenk zu machen, ein Kärtchen zu schicken, jemanden einzuladen zum Zeichen, dass ich ihm wieder gut sein möchte. Wenn der erste Schritt – der schwerste – gemacht ist, wird der Rest ein Fest. In der Vergebung schließen sich die Wunden, und die Liebe blüht auf.

Wenn wir daran denken, was Menschen alles mit Menschen machen, was Menschen alles mitmachen, was Menschen voneinander zu ertragen haben, dann gibt es keinen anderen Weg zum Frieden als Vergebung. Jedes Wort und jede Geste, die Vergebung schenkt, trägt zum Frieden unter Menschen bei. Menschen denken anders, handeln anders, empfinden anders, sprechen anders. Nimm es hin, dass andere anders sind. Sei vorsichtig mit deinen Reden.

Worte sind mächtige Waffen, die viel Unheil stiften können. Worte, die voll sind von Nörgelei, von Hass und von dem Ziel, andere fertigzumachen, bringen Menschen auseinander. Sie stiften Unfrieden und führen zu Gewalt. Ein hartes Wort, ein scharfes Wort – das kann tief verletzen und im Herzen lange weh tun und Narben hinterlassen. Wo Worte zu Waffen werden, stehen sich Feinde gegenüber.

Worte, die voll sind von der Kraft der Liebe, bringen Menschen zusammen. Sie lösen Freude aus, sie machen Menschen neu und schaffen eine bessere Welt.

Ein Wort, das eindringt ins Herz, verändert das Herz. Ein Wort im richtigen Augenblick ist wie Brot zum Überleben. Worte können Licht sein, versöhnen, einander näher bringen, Frieden stiften.

Zeit zum Feiern

Pierre Stutz

Wenn uns in Krisen- und Umbruchzeiten ein Durchbruch gelungen ist, wenn unsere Nacht einem neuen Morgen entgegengeht, dann ist die Zeit zum Feiern da. Im Lukasevangelium werden wir ermutigt, unser Leben immer wieder zu feiern; erst recht, wenn es bedroht und blockiert war. Im 13. Kapitel wird uns eine Frau vorgestellt, die ein Geldstück verloren hat. Sie sucht es überall, und als sie es gefunden hat, lädt sie ihre Freundinnen zu einem Fest ein. Danach wird uns von einem Sohn erzählt, der sich verloren hat, sich selbst entfremdet war. Obwohl es ihm schwerfällt, stellt er sich der Wahrheit seines Lebens – und geht nach Hause. Sein Vater erwartet ihn ohne Vorwürfe – und es wird ein großes Fest gefeiert. Er sagt: »Mein Sohn war tod und nun ist er wieder lebendig geworden« (Lukas 13,24). Er erhält ein Festkleid und einen Ring. Tiefsinniger und beglückender kann nicht ausgedrückt werden, wie Gott sich uns durch unsere Festkultur zuwendet. Wenn wir unsere verlorene Hoffnung, unser abhandengekommenes Vertrauen wiedergefunden haben, dann ist es heilsam, dieses Geschenk des Lebens mit anderen zu feiern. Die Kraft, die durch das Feiern wirksam wird, darf nicht unterschätzt werden.

Jetzt ist Zeit zum Feiern; all die vielen Anstrengungen, Sorgen und Verunsicherungen haben sich gelohnt. Das monatelange Auf und Ab ist wie verflogen, die Freude an der Ernte will hinausgetragen sein in unseren Freundeskreis. Sie will geteilt werden, ausgedrückt in

Kreativität und Musik. Der Liebhaber des Lebens aus Nazaret wählt das Bild vom Festmahl häufig, spricht vom Essen und Trinken in Gemeinschaft, um uns zu zeigen, wie gut es Gott mit uns meint und wie seine schöpferische Kraft auch durch uns fließt. Im Singen und Tanzen, in der Ausgelassenheit werden unsere Grenzen aufgebrochen. Echte Festfreude führt Jung und Alt, Groß und Klein zusammen. Sie stillt unsere Sehnsucht nach Zugehörigkeit, nach einem tieferen Eingebundensein in einer großen Schöpfungsfamilie. Lebensfeste erzählen von der Leichtigkeit des Seins, die auf die Schönheit des Schöpfers verweist. Sie lassen uns den lachenden Segen Gottes erfahren, der uns bestärkt zum Teilen unserer Hoffnungen und unserer Ängste. Sie erinnern uns an die Lebensworte Jesu: »Kommt, es steht alles bereit!« (Lukas 14,17).

Das Wesentliche ist schon da. Wir können unseren persönlichen Prozess und unsere Sorgen unterbrechen, indem wir uns hineinholen lassen in jene Freundschaftsräume, in denen wir einfach sein dürfen. Menschen, die eine Krise, eine schwere Krankheit, einen schmerzvollen Trauerweg durchlebt haben, sind aufgerufen, immer wieder jene Momente mit anderen zu feiern, in denen der Glaube, die Hoffnung und die Liebe neu auferweckt werden.

Vertrauen

Schwester Gisela Ibele

Vertrauen macht weit. Ich besuche heute die Weite meiner Lieblingslandschaft, die Weite des Himmels, die Weite meines Herzens. Ich will sie kosten, atmen, mich tragen und führen lassen. Ich traue allem Geschaffenen und glaube, dass nichts umsonst atmet und existiert. Ich traue der Sonne, dass sie morgen wieder scheint. Ich traue dem Augenblick, der mich überraschen kann. Ich traue dem heutigen Tag und glaube, dass Gutes darin für mich verborgen ist. Ich überlasse mich der Kraft des Vertrauens.

5.

Jeder Tag ist ein Gefäß

Die Zeit ist unendlich lang und ein jeder Tag ein
Gefäß, in das sich sehr viel eingießen lässt, wenn
man es wirklich ausführen will.

Johann Wolfgang von Goethe

5. · *Jeder Tag ist ein Gefäß*

Ungeteiltes Sein

Anselm Grün

»Freude ist ungeteiltes Sein im Augenblick. Wir freuen uns immer hier und jetzt. Selbst wenn wir Vorfreude haben, empfinden wir sie jetzt und erinnern uns jetzt an vergangene Freude.« Margrit Irgang, von der diese Beschreibung stammt, ist Zenlehrerin und Schriftstellerin. Sie hat ein »Buch der Freude« herausgegeben. Das sind Texte, die dieser positiven Emotion nachspüren. Damit hat sie auf ein Thema aufmerksam gemacht, das bei vielen Dichtern auch in unserer Zeit eine große Rolle spielt.

Die Freude kann uns ganz in den Augenblick versetzen. Wenn ich mich freue, bin ich ganz präsent. Das Denken kreist immer um die Vergangenheit oder Zukunft. Die Freude spüre ich in der Gegenwart, und sie macht mich selber gegenwärtig. In der Freude komme ich mit mir selbst in Berührung. Im Denken bin ich immer von mir selbst entfernt. Die Freude bringt mich in die Nähe zu mir selbst und in die Nähe zum gegenwärtigen Augenblick. Die Freude ist eine Schwester der Lust. Auch die Lust empfinde ich im Jetzt. Über vergangene und zukünftige Dinge kann ich keine Lust verspüren, höchstens, wenn das Vergangene oder Künftige jetzt in meiner Vorstellung gegenwärtig wird. Die Freude schafft Gegenwart. Und umgekehrt bewirkt die Fähigkeit, ganz im Augenblick zu sein, Freude. Freude ist Ausdruck des reinen Seins, der klaren Gegenwart.

Im Hier und Jetzt

Anthony de Mello

Einem Schüler, den der Gedanke vom Leben nach dem Tode nicht losließ, sagte der Meister: »Warum auch nur einen Augenblick mit dem Gedanken an das Danach verschwenden?«

»Aber ist es denn möglich, das nicht zu tun?«
»Ja.«
»Wie?«
»Indem man hier und jetzt im Himmel lebt.«
»Und wo ist dieser Himmel?«
»Im Hier und Jetzt.«

Ich begegne mir mit Wohlwollen

Pierre Stutz

Ein gesundes Selbstwertgefühl zu entfalten ist für mich ein großer Wert im Leben. Es gibt für mich nichts Schöneres, als Menschen in ihrer Entfaltung zu unterstützen. »Kräfteschulung« nennt sich diese Grundhaltung in der Pädagogik. Die eigenen Lebensgaben – die geschenkt sind – anzunehmen und einzubringen, gehört für mich wesentlich zu einer beglückenden Lebensaufgabe. »Ja« zu sagen zur ureigenen Begabung ist gar nicht so einfach.

Die eigene »Kernkompetenz« zu finden und zum Wohle der Gemeinschaft zu verwirklichen, kann mit einem langen Weg der Selbstfindung einhergehen. Auf diesem Pfad ist es wichtig, sich selbst gut gesinnt zu sein. Es geht dabei auch um die Fähigkeit, bei sich selbst zu Gast zu sein. *Karl Valentin* hat humorvoll eingeworfen: »Heute besuche ich mich, mal schauen, ob ich zu Hause bin.« Befreundet sein mit sich selbst ist eine anspruchsvolle Zumutung. Sich selbst zulächeln zu können, um nicht verbissen im Leben zu stehen, ist nicht so einfach, wie es klingt. In der Tat kann ein falsch verstandener Wunsch nach Selbstfindung in einer Fehlform zu narzisstischem Verhalten führen, zu einem Kreisen um sich selbst, einem Tanz ums eigene Ich, das zum Gegenteil führt, das vom wahren Selbst und von den anderen entfremdet. Doch genauso besteht die Gefahr, außer sich zu sein, sich unbarmherzig durch das Leben zu peitschen, sich durch Stimmen, denen – sehr oft unbewusst – die

Macht eines Über-Ich eingeräumt wird, fremdbestimmen zu lassen.

Darum braucht es die alltägliche Achtsamkeit, sich selbst mit seinen Stärken und Schwächen gut gesinnt zu sein. Selbstannahme ist ein lebenslanger Prozess, der uns befähigt, wirklich lieben zu können und sich zu engagieren für eine gerechtere Welt. Die religiöse Dimension dieser Grundhaltung eröffnet sich mir in der regelmäßigen Erinnerung, dass ich gesegnet bin vor allem Tun, angenommen in meinem ureigenen Sosein. Diese Vor-Gabe ist da vor all unserem Tun, vor aller möglichen Leistung. Unsere Lebens-Aufgabe ist es, sie täglich einzulösen. Vor allen Ansprüchen gilt uns dieser Zuspruch. Und auf diese bedingungslose Zusage sind wir angewiesen, lebenslang.

In Umbruch- und Krisenzeiten brauchen wir sie erst recht – und genau in diesen Zeiten verschließen wir uns oft diesem Geschenkcharakter des Lebens. Gerade wenn unsere Lebenspläne durch-kreuzt werden, wenn wir mit Trennung und Scheidung, Krankheit, Mobbing, Tod, Erwerbslosigkeit, Verleumdung, Depression oder Überforderung konfrontiert werden, dann soll es uns nicht überraschen, wenn wir dieses Urvertrauen nicht einfach so abrufen können. Wenn uns das Leben viel zumutet und wir hart durchgeschüttelt werden, dann können wir uns boden- und heimatlos fühlen, verunsichert und aufgewühlt. Sich in einer solchen Situation selbst mit Wohlwollen zu begegnen, ist unglaublich schwer. In diesen Zeiten der Dünnhäutigkeit, der besonderen Verletzlichkeit sind wir auch angewiesen auf andere, die uns erinnern, dass wir mehr sind als unsere Verunsicherung.

Selbst können wir uns dann oft die Erlaubnis nicht geben, uns selbst gut gesinnt zu sein. Genau so geht es vielen, und es lässt uns zutiefst menschlich sein. Es zeigt uns, dass wir auf dialogische Beziehungen angewiesen sind.

Zugleich liegt da auch die Chance, mühsam einzuüben, sich auch selbst Anerkennung zusprechen zu können. »Das Geheimnis der Erlösung heißt Erinnerung«, weiß der Talmud. Gut zu sich sein in schwerer Zeit heißt, sich zu erinnern an den eigenen unantastbaren Kern.

Mit den Sinnen leben

Schwester Gisela Ibele

Wache Sinne sind ein Geschenk, mit denen wir bisher Verborgenes sehen, hören, tasten, fühlen, schmecken, riechen und ahnen können. Sie schenken uns tiefe Einsichten. Ich kann mit meinen Sinnen auch nach innen fühlen und dort den Menschen begegnen. Das Herz ist es, was alle Menschen gemeinsam haben und das uns verbindet. In einer stillen Minute lasse ich in meinem Herzen Menschen auftauchen, die ich kenne. Ich sehe sie mit den inneren Augen und begegne ihnen: Ihre Not, ihre Trauer, ihre Freude, ihre Freundschaft zu mir berühren mich. Meine Antwort ist nicht Widerstand, sondern Liebe. Ich komme den Menschen und mir selbst näher. Vielleicht tauchen auch Bilder für diese Liebe auf?

Leere

Anthony de Mello

Manchmal fiel eine Schar lärmender Besucher in das Kloster ein, und die Stille wurde zunichte.

Das ärgerte die Schüler; nicht so den Meister, der gleichermaßen zufrieden schien, ob Lärm oder Stille herrschte.

Eines Tages sagt er seinen protestierenden Schülern: »Stille ist nicht das Fehlen von Geräusch, sondern das Fehlen von Selbst.«

Achtsamkeit

Anselm Grün

Achtsam sein meint: ganz im Augenblick sein. Wer ganz im Augenblick lebt, der kann ihn kosten und genießen, für den wird jeder Augenblick zur Erfahrung der Fülle des Lebens. Er braucht sich nur ins Gras zu legen, dann wird ihm das Paradies der Farben und Formen aufgehen. So rät es der buddhistische Mönch Thich Nhat Hanh seinen Schülern. Er meint: Wenn wir nicht glücklich sind, dann liegt das an der fehlenden Achtsamkeit. Wer etwa achtsam durch einen Herbstwald geht, dem wird das Wunder der Farben aufgehen, die der Herbst ihm vor Augen führt. Der Herbst ist ein Maler, den wohl kein menschlicher Maler zu übertreffen vermag. Der Achtsame nimmt die vielen Wunder wahr, die ihm der Wald bietet: Wenn ich durch den Steigerwald wandere, bin ich immer fasziniert von dem Spiel des Lichtes, das der Buchenwald inszeniert. Und ich staune immer wieder vor den hohen Buchen, die mir wie Säulen in einem gotischen Dom vorkommen. Ich gehe durch den Wald wie durch einen hohen Dom, andächtig. Ich spüre, das Geheimnis umgibt mich, die Weite, die Schönheit Gottes, die sich in der Schöpfung spiegelt. Für den Achtsamen braucht es keine weiten Reisen. Ein einfacher Spaziergang birgt alles in sich, wonach sich das Herz sehnt.

Wir können die Achtsamkeit konkret einüben, indem wir bewusst und achtsam die Dinge unseres Alltags in die Hand nehmen. Ich gehe behutsam mit meinem Kugelschreiber um, mit meinem PC, mit den Büchern, die ich lese. Ich verlasse achtsam mein Zimmer, nehme bewusst die Schwelle wahr, über die ich in neue Räume hineingehe. Ich spüre die frische Luft. Ich nehme die Sonnenstrahlen wahr, die mich wärmen. Ich bin in jedem Augenblick. Und ich bin in meinen Sinnen. Ich schaue, höre, rieche, betaste das, was ich in die Hand nehme. Es ist eine einfache Übung, achtsam mit allem umzugehen. Aber dieses konkrete Üben sammelt mich. Es bringt mich in Berührung mit den Dingen und mit mir selbst. Ich spüre mich auf neue Weise. Ich bin ganz gegenwärtig. Ich fühle mich lebendig.

Entschleunigen

Christa Spannbauer

Überkommt Sie mitunter das beunruhigende Gefühl, auf der Flucht zu sein? Hetzen Sie durch die Gegend, anstatt durch Ihr Leben zu flanieren? Ja, die Welt scheint sich immer schneller zu drehen, und wir versuchen, Schritt zu halten. Kein Wunder, dass wir uns gejagt fühlen. Doch seien wir ehrlich: Meist sind es doch wir selbst, die uns durchs Leben treiben. Wer sagt denn, dass wir alles immer sofort erledigen müssen? Dass alles, was wir tun, perfekt sein muss? Dass wir heute schon die Pläne für nächstes Jahr fertig haben müssen? Entschleunigen heißt nichts anderes, als im gegenwärtigen Augenblick anzukommen und sich in diesem zu verankern. Machen Sie sich bewusst: Wir haben immer mehr Zeit, als wir glauben. Dies bringt die folgende Zen-Anekdote zum Ausdruck, in der ein Schüler den Meister fragt, wie er sein hektisches Leben besser bewältigen könne. Der Meister antwortet: »Wenn du Zeit hast, meditiere eine Stunde, wenn du keine Zeit hast, dann meditiere zwei.«

Der rechte Augenblick

Notker Wolf

Wenn es um den rechten Augenblick geht, muss man oft schnell handeln. Manchmal muss man aber auch warten können. Aber dieses Warten ist eine Form des Bereitseins, des Wachseins, es ist kein passives Abwarten. Die Kunst zu führen besteht nicht in ständigen Interventionen, sondern darin, dass man achtsam ist, dass man präsent oder »in der Nähe« der Menschen ist, wenn sie einen brauchen – und dass man dann den rechten Zeitpunkt erkennt, wenn man tatsächlich gebraucht wird. Natürlich spreche ich mit den Leuten, rede, aber ich muss warten, bis der Augenblick kommt, wo ich wirklich gebraucht werde.

Wenn der Zeitpunkt dann da ist, darf man nicht auf die Uhr schauen und auf den nächsten Termin schielen, nein, dann muss alles stehen bleiben.

Achtsam sein ist die Form dieser Bereitschaft. Bei den Kindern muss man zuwarten und zusehen können. Aber wenn sie eine Not haben, dann brauchen sie *jetzt* Zuwendung, und das Problem, das sie bedrängt, muss jetzt *sofort* geklärt werden und nicht erst übermorgen.

Das war immer so: Wenn einer zu mir kommt und mir sagt: »Hast du gerade eine Sekunde Zeit?«, und ich spüre, es ist wirklich eine für ihn wichtige Sache, aber es geht gerade beim besten Willen nicht, dann ist es wichtig, zumindest einen Zeitpunkt – noch heute oder morgen – festzumachen. Dass es im Moment gerade nicht immer geht, das sieht jeder ein. Aber das Problem ist *heute* da, vielleicht noch morgen. Die Lösung oder Klärung über diesen engen Zeitrahmen hinaus aufzuschieben, das kann zu spät sein. Da hat sich die Sache möglicherweise schon verhärtet. Man kann zwar Dinge manchmal verrauchen lassen. Und manchmal ist es auch genau das Richtige, eine Nacht über etwas schlafen zu können. Aber einfach darüber hinweggehen sollte man nicht, wenn es »an der Zeit« ist.

6.

Maßlos glücklich

Die Geburt seines ersten Kindes erfüllte den Meister mit Freude. Staunend blickte er das Neugeborene immer wieder an.

»Was wünschst du ihm, einmal zu sein, wenn es groß geworden ist?«, fragte ihn jemand.

»Maßlos glücklich«, antwortete der Meister.

Anthony de Mello

Unerwartet geschenkt

Pierre Stutz

Kürzlich schrieb ich zu meiner eigenen Überraschung in einem Brief: »Seit Monaten bin ich zutiefst glücklich, weil ich endlich angenommen habe, dass Unglücklichsein zu meinem Leben gehört!« Glück, Harmonie, Zufriedenheit, Freude, Liebe, Glauben, Liebe, Hoffnung sind nie zu haben in unserem Leben. Sie werden uns immer unerwartet geschenkt, damit wir uns auch der inneren und äußeren Zerrissenheit stellen können.

Glück kann man nicht gewinnen –
Sie haben es schon!

Anthony de Mello

Ich sage Ihnen, was es bedeutet, wie ein König zu leben. Es bedeutet, überhaupt keine Angst zu haben. Keine inneren Konflikte. Keine Anspannung, keinen Druck, keine Sorgen, keinen Kummer. Und was bleibt? Unverdünntes, reines Glück. Manchmal fragen die Leute: »Was muss ich tun, um glücklich zu sein?« Gar nichts, ihr Dummköpfe! Wenn Sie glauben, dass Sie etwas tun müssen, um glücklich zu sein, dann zeigt das nur, wie schlecht Ihre theologische Ausbildung war. Sie müssen überhaupt nichts tun, um glücklich zu sein. Glück kann man nicht erwerben. Und wissen Sie, warum? Weil Sie es schon haben. Sie haben es schon längst. Aber Sie blockieren es die ganze Zeit mit Ihrer eigenen Dummheit. Sie halten es zurück. Hören Sie damit auf, und es ist da. Wenn ich Ihnen zeigen könnte, wie Sie Ihre inneren Konflikte, Ihre Ängste und Anspannungen, Ihren Druck, Ihre Leere, Einsamkeit, Verzweiflung, Niedergeschlagenheit, Ihren Kummer loswerden können – wenn Sie das alles loswerden würden, was bliebe dann? Reines, unverdünntes Glück hätten Sie dann.

Die Chinesen sagen das sehr schön: Wenn das Auge nicht versperrt ist, dann ist das Ergebnis Sehen. Sie müssen nichts tun, um zu sehen. Wenn das Auge nicht versperrt ist, dann sehen Sie. Wenn das Ohr nicht versperrt ist, dann hören Sie. Wenn der Mund nicht versperrt ist, dann schmecken Sie. Wenn der Geist nicht versperrt ist, dann erkennt er die Wahrheit. Und wenn das Herz nicht versperrt ist, dann ist das Ergebnis Freude und Liebe. Sie haben das alles, aber es ist versperrt, blockiert. Lassen Sie los!

Das wäre also der zweite große Schritt: Erkennen Sie, dass Sie nicht aus dem Chaos rauswollen. Sie wollen es bequem haben. Sie wollen Ihre kleinen Besitztümer. Sie wollen die kleinen Dinge, von denen die Gesellschaft fälschlicherweise behauptet, sie seien nötig, um glücklich zu sein. Die wollen Sie, aus dem Chaos raus wollen Sie nicht. Und auf diese Weise entsteht das Chaos erst.

Ich gebe Ihnen etwas zum Nachdenken: Ist Ihnen jemals der Gedanke gekommen, dass das, was Sie Ihr Glück nennen, in Wirklichkeit Ihre Fessel ist? Wenn Sie zum Beispiel einen anderen Menschen »mein Glück« nennen? Oder »meine Freude«? Das kann Ihre Ehe sein, Ihre Firma, Ihr Hochschulabschluss, was auch immer. Worin oder in wem finden Sie Ihr Glück? Wie auch immer die Antwort lauten mag: Das ist Ihr Gefängnis. Ich weiß schon, das ist starker Tobak. Aber denken Sie daran, was Sie mit meinen Worten tun sollen: schneiden, kratzen, schmelzen.

Macht Gott glücklich?

Andrea Schwarz

Wenn ich mich so umschaue, dann sind Christen, also Menschen, die Gott einen Platz in ihrem Leben einräumen, erst mal ganz normale Menschen wie alle anderen auch – und nicht mehr oder weniger glücklich als alle anderen auch. Mir jedenfalls sind keine Statistiken bekannt, dass Christen häufiger den Jackpot beim Lotto knacken als Nicht-Christen. Man wird auch krank, auch wenn man an Gott glaubt – und auch wir müssen durch das Tor des Todes hindurch. Aber – was, bitte schön, ist denn Glück? Ist Glück wirklich der Jackpot im Lotto? Ist es das mühsam ersparte kleine Reihenhaus? Ist es das neue Auto vor der Tür?

Glück – ich glaube, das ist nicht Reichtum, Können, Groß-Sein. Klar, es beruhigt, wenn ich einen bestimmten Geldbetrag auf dem Konto sehe, ich finde es schön, wenn der Chef ein lobendes Wort sagt, ich freue mich auf den Urlaub in Südafrika. All das ist nett.

Aber was ist all das gegen die Erfahrung, dass ein Kind ganz vertrauensvoll seine kleine Hand in meine Hand legt? Was ist das gegen die Erfahrung, dass mich ein Freund nach einem intensiven Gespräch einfach in den Arm nimmt? Was ist das gegen die Erfahrung, morgens halbwegs gesund im eigenen Bett aufzuwachen – von vorwitzigen Sonnenstrahlen gekitzelt? Könnte es nicht auch schon Glück sein, jetzt grad keine Zahnschmerzen zu haben?

Vielleicht sind es gar nicht die großen Dinge, die uns

wirklich glücklich machen, sondern eher die scheinbar kleinen. Die Dinge, die uns manchmal so selbstverständlich geworden sind, dass wir sie gar nicht mehr wahrnehmen.

Aber auch dafür ist ja Gott eigentlich nicht zuständig, sondern es liegt an mir, ob ich mir immer wieder bewusst mache, dass all das nicht selbstverständlich ist! Also, wenn ich ganz ehrlich bin: Nein, ich glaube nicht, dass Gott für mein Glück zuständig ist. Er ist nicht der Lotto-Bote, er überbringt keine netten Nachrichten, und vor einer Katastrophe sortiert er auch nicht nach »Christ« und »Nicht-Christ«.

Für das Glück ist Gott nicht zuständig.

Und er macht auch nicht unbedingt glücklich.

Aber – wenn Gott nicht für das Glück zuständig ist, warum sollte ich dann überhaupt an ihn glauben?

Und manchmal ist da auch keine Umarmung, kein kleines Kind, das seine Hand in meine legt, manchmal wache ich doch morgens krank in einer Klinik auf – und manchmal habe ich Zahnschmerzen. Das Leben kann ziemlich herb und unfair sein – und eben alles andere als glücklich, egal wie ich Glück definiere. Glück kann zerbrechen, manchmal sehr schnell. Und wenn ich dann Gott dafür die Schuld gebe, wird ganz zwangsläufig mit meinem Glück auch meine Beziehung zu Gott zerbrechen.

Aber all das gehört zu meinem Leben, zum Leben eines jeden Menschen – eben weil wir menschlich sind. Es gibt die Momente von Angst und Einsamkeit, von Grenzen und Müdigkeit, von Krankheit und Tod. Momente, die alles andere als glücklich sind. Und dann brauche ich einen, dem ich glauben kann, wenn er sagt: »Ich habe das Elend meines Volkes gesehen!« Dann brauche ich einen, der mich so sehr liebt, dass er seinen eigenen Sohn mitten in dieses Elend hineinschickt, um an meiner Seite zu sein. Dann brauche ich einen, der mir keine heile Welt vorgaukelt, sondern mit mir meine Tränen weint, der weiß, wie sich Verlassenheit anfühlt – und was Schmerzen sind. Das sind die Momente, die Zeiten in meinem Leben, in denen ich Gott wirklich brauche.

Man könnte es auch noch mal anders sagen: Gott ist nicht zuständig für das Glück, sondern er ist zuständig für das Leben. Das aber ist mehr, unsagbar viel mehr.

Nein – Gott macht nicht unbedingt glücklich – weil er die Dunkelheiten meines Lebens nicht einfach wegnimmt. Aber er geht mit mir durch die Dunkelheiten meines Lebens hindurch.

Gott ist nicht zuständig für das Glück, sondern er ist zuständig für das Leben.

Der Schatz unseres Lebens

Christa Spilling-Nöker

Was ist eigentlich »Glück«? Die einen sehnen sich nach einer vollendeten und damit zugleich krisensicheren Partnerschaft, die anderen nach Gesundheit oder unermesslichem Reichtum, der keine Wünsche offenlässt. Wie oft aber verwechseln wir das Glück des »Habens«, also der Anhäufung kontrollierbarer Dinge wie zum Beispiel materieller Gegenstände, mit dem Glück des »Seins«, der im tiefsten Herzen spürbaren inneren Freiheit und Unabhängigkeit, die uns ermöglicht, uns an uns selbst und an der Fülle unserer Fähigkeiten und Begabungen zu erfreuen.

Wir können uns von Tag zu Tag darin einüben, die schöpferischen Kräfte in uns selbst aufzuspüren, um uns dadurch selbst auszudrücken und auf vielfältige Art und Weise zur Sprache kommen zu lassen. Wenn wir wieder mehr in unsere Tiefe hineinfühlen und wahrzunehmen lernen, welche Schätze in unserer eigenen Seele ruhen, dann werden wir eine leise Ahnung davon bekommen, dass der eigentliche Reichtum unseres Lebens weder in einer Fülle von materiellem Überfluss noch in grenzenlosem Erfolg liegt.

Dann werden wir ein Gespür dafür entwickeln, dass der Schatz unseres Lebens tief in uns selbst verborgen ruht und nur darauf wartet, im Laufe der uns zur Verfügung stehenden Jahre gehoben zu werden.

Mitten in der Unruhe

Anselm Grün

Ich komme zur Ruhe, wenn ich mich still hinsetze und durch das Chaos meiner Gefühle hindurchgehe, bis ich in den Grund meiner Seele gelange, in den inneren Raum der Stille. Manchmal kann ich für einen Augenblick diesen inneren Raum der Stille spüren. Dann fühle ich mich glücklich. Oft aber spüre ich den Raum nicht. Aber in mir ist die Sehnsucht nach diesem Raum, die Sehnsucht, Gott zu spüren und seine Liebe zu fühlen. Und dann führt mich die Sehnsucht zur Ruhe. Ich bin dann nicht unruhig, weil ich nicht in die Stille gelange, die ich mir vorgestellt habe. Ich spüre mich vielmehr in meine Sehnsucht nach dieser Stille und Ruhe hinein. In der Sehnsucht nach Ruhe ist schon Ruhe. In der Sehnsucht nach Liebe ist schon Liebe. Und in der Sehnsucht nach Gott ist schon Gott. Und in der Sehnsucht nach Glück ist schon Glück. Ich muss das Glück nicht festhalten. Es ist gleichsam eine Spur, die in der Sehnsucht in mein Herz hineingegraben worden ist. Und als Spur, die in meiner Sehnsucht spürbar ist, ist das Glück immer in mir vorhanden. Aber es ist nicht immer das pralle Glück, nicht das typische Glücksgefühl, sondern mehr eine Ahnung von Glück. Aber die genügt. Wenn ich die Sehnsucht nach Glück in mir wahrnehme, dann komme ich zur Ruhe, dann muss ich nicht voller Unruhe weitersuchen. Jetzt in dieser Zeit ist in mir eine Spur der Zeitlosigkeit. Jetzt in diesem Chaos ist in mir eine Spur von Ordnung und Klarheit und Schönheit. Indem ich mich in die Sehnsucht hineinspüre, komme ich in Berührung mit all dem, wonach ich mich sehne. Und so erfahre ich mitten in der Unruhe der Zeit eine tiefe innere Ruhe in mir.

Das sichtbarste Glück gibt sich uns erst zu erkennen, wenn wir es innen verwandeln.

Rainer Maria Rilke

Unbezahlbar

Phil Bosmans

Das Glück hat nicht viel zu tun mit Reichtum und Besitz. Das Glück kommt niemals per Postscheck und Girokonto. Kaufen kannst du Unterhaltung und Freizeitgestaltung, aber ein zufriedenes, freies Herz, das erst Freude an dem schenkt, was du alles hast, das kannst du nicht kaufen, niemals und nirgendwo. Es ist unbezahlbar!

7.

Liebe lässt sich nicht besitzen

Die Liebe gibt nichts als sich selbst und nimmt nichts, außer von sich selbst. Die Liebe besitzt nicht und lässt sich nicht besitzen, weil die Liebe der Liebe genügt.

Khalil Gibran

Was lieben heißt

Andrea Schwarz

Nein – manchmal ist das mit der Liebe wirklich nicht einfach. Wenn ich liebe, mache ich mich berührbar, ja muss mich berührbar machen, damit ich den anderen auch spüren kann. Damit aber mache ich mich zugleich verletzbar, angreifbar, verwundbar. Liebe entgrenzt mich – aber damit fällt auch der Schutz meiner Grenzen weg. Wer liebt, kommt nicht unverletzt davon.

Auf einem Kalenderblatt las ich einmal: »Jung ist derjenige, der sich noch verlieben kann.« Ich fand das sehr einleuchtend, wenn man »verlieben« ein wenig weiter fasst, als es herkömmlich getan wird. Ich kann mich in einen Menschen verlieben, in eine Stimmung, in eine Situation. Wenn ich an einem Augustabend den Schrei der Wildgänse höre, wenn die Mondsichel klar am frühen Morgen am Himmel steht, wenn ich die Zärtlichkeit eines alten Menschen erlebe, die Trommeln und den mitreißenden Gesang in einem Gottesdienst der Zulus in der Kathedrale von Mariannhill oder den Augenblick in einer Trauerfeier, wenn der Sarg hinaus ins Licht gefahren wird – ja, dann ist unsagbar viel Liebe für das Leben in mir.

Mein Begriff von Liebe hat sich verändert: Es ist natürlich die Liebe zu einem Mann – aber es gibt auch eine Liebe für das Leben und eine Liebe für Gott. Ja, ich liebe nicht immer gleich – und nicht immer das Gleiche. Meine Liebe ist ein Grundgefühl von unendlicher Zärtlichkeit, Berührbarkeit, Achtsamkeit. Wenn ich liebe, bin ich hellwach – und alle Antennen sind auf Empfang … Was »lieben« heißt, das haben mir meine Freunde und meine Eltern beigebracht. Meine Freunde haben mir, durchaus manchmal sehr schmerzhaft, gezeigt, was sie an Zuwendung von mir wollen – und was denn des Guten vielleicht auch zu viel ist. Meine Eltern haben mich einfach ihre Liebe erleben lassen, ohne groß darüber zu reden. Einer, der mich Liebe erfahren ließ und mit dem ich nie darüber hätte sprechen können, war mein Vater. Und ich glaube: Das, was er mir auf meinen Lebensweg mitgegeben hat, das, was ich in unserer Beziehung erleben durfte, hat mich »fähig« gemacht für die Liebe.

Wahre Liebe

Anthony de Mello

Die Menschen zu lieben heißt: auch ohne sie vollkommen glücklich zu sein, ohne Angst, jemandem weh zu tun, ohne das Bestreben zu beeindrucken, ohne die Furcht, sie könnten einmal aufhören, einen zu mögen, und einen verlassen. Egal, was andere sagen oder tun, Sie leben in Frieden. Füllen Sie Ihre Leere nicht mit Menschen, und nennen es dann auch noch Liebe.

Die Liebe der Biene

Christa Spilling-Nöker

Unruhig und betrübten Herzens summte die Biene zwischen Sommerflieder, Rosen und Lavendel umher. An Nahrung mangelte es ihr daher nicht, und auch die wärmende Sonne tat ihr gut. Die Tage waren lang und hell, und eigentlich hätte sie mit ihrem Bienenleben ganz zufrieden sein können, wenn nicht die tiefe Sehnsucht in ihr gebrannt hätte, endlich einmal von ganzem Herzen geliebt zu werden. Sie flog über Blumen, Felder und Äcker hinweg, doch obwohl der herrliche Sommertag im Grunde wirklich nichts zu wünschen übrig ließ, war sie zutiefst traurig in ihrem Herzen. Schließlich ließ sie sich verzagt auf einem Kohlkopf nieder und flüsterte den Grund ihres Kummers halblaut vor sich hin.

Da kam eine dicke Raupe angekrochen und erlauschte die Klage der Biene. »Du bist so schön«, sagte sie zu der Biene, »du hast so eine zarte schwarzgelbe Haut und eine wundervolle Taille, und du duftest ein wenig nach Honig. Ich will dich lieben und in meinem Leben für dich tun, was in meinen Kräften und Möglichkeiten steht. Es stecken viel mehr Fähigkeiten und Begabungen in mir, als du auf den ersten Blick hin siehst oder ahnen kannst. Gib mir eine Chance. Glaub mir, wir können uns gegenseitig für ein ganzes Leben lang glücklich machen.« Die Raupe sprach diese Worte sehr feierlich aus, denn es war ihr durchaus ernst mit ihrer Absicht. »Was denn, du dicke, schwerfällige Raupe, die du den ganzen Tag über nur ans Fressen denken kannst, wagst es, um mich zu

7. · Liebe lässt sich nicht besitzen

werben? Nein, so stelle ich mir die Liebe gar nicht vor. Der, von dem mein Herz träumt, muss im Grunde seines Wesens mir ähnlich und ebenbürtig sein. Er muss ein zartes Wesen haben, sich von der Erde erheben und unter dem Himmel fliegen können – so wie ich.« Und erhobenen Hauptes schwang sich die Biene in die Lüfte.

Es verging eine Weile, als die Biene, immer noch unglücklich über den Mangel an Liebe in ihrem Leben, in einem großen Blumengarten einen unsagbar schönen, zarten Schmetterling erblickte. Seine Flügel schimmerten in einem überaus feinen, in allen Farben schillernden Muster. Noch nie hatte die Biene ein so anmutiges Geschöpf erblickt, und sie verliebte sich von einem Augenblick zum anderen in ihn. »Ach, wie bist du zart und schön«, begann sie das Gespräch mit dem Schmetterling und wagte auch auf der weißen Margeritenblüte Platz zu nehmen, auf der er saß. »Noch nie habe ich ein so wunderbares Wesen wie dich erblickt. Magst du mich wohl lieben?«, fragte sie. »Wir sind uns schon einmal begegnet«, begann der Schmetterling. »Nie im Leben«, unterbrach ihn die Biene, »an so ein zauberhaftes Wesen wie dich würde ich mich in jedem Fall erinnern.« »Damals war ich noch nicht leicht, anmutig und zauberhaft, wie du das jetzt ausdrückst. Damals war ich noch eine dicke, hässliche Raupe, die dich mit ihrer Liebe beschenken wollte.« Die Biene sah verwirrt zu dem Schmetterling auf. »Konntest du mich nicht in meiner früheren Gestalt lieben, so wie ich war, wie soll ich dir da heute glauben, dass dein Herz voller aufrichtiger Liebe ist, jetzt, wo ich mich zu einem schönen, bunten Schmetterling hin verwandelt habe? Dein Stolz und deine Überheblichkeit haben dich blind gemacht für das Glück, das du ersehntest und mit mir hättest finden können.« Und er breitete seine prächtigen, zarten Flügel aus und schwebte leicht hinweg, dem Licht des Himmels entgegen.

Wohltuende Sinnlichkeit

Pierre Stutz

»Ja, du bist schön, meine Freundin, ja, du bist schön!
Deine Augen sind wie Tauben hinter deinem Schleier.
Dein Haar gleicht einer Herde von Ziegen … Deine bei-
den Brüste sind wie zwei Kitzen, Zwillinge einer Ga-
zelle, die unter Lilien weiden.«

Hohelied 4,1.5

Die Versöhnung von Sexualität und Spiritualität ist eine
der wichtigen Aufgaben in unserer Zeit. Dabei können
uns die erotischen Gedichte aus dem Hohelied eine Hilfe
sein. Sie besingen mit einer wohltuenden Sinnlichkeit die
Liebe von Mann und Frau, die im schöpferischen Gestalten der Sexualität jene Gabe Gottes erkennt, die beflügelt
zur Hoffnung. Im Suchen und Hoffen, im Finden und
Verlieren der Liebenden wird sichtbar, wie das Wesentliche nie zu haben ist, sondern ein Geschenk bleibt. Es
übersteigt uns und fordert uns zugleich heraus, an unseren Beziehungen zu arbeiten, mit Wohlwollen und
Konfliktfähigkeit. Die mystische Tradition ließ sich vom
Hohelied inspirieren, um die tiefe Sehnsucht nach der
Vereinigung mit Gott ausdrücken zu können. Schon *Ori-*
genes (185–254) verwendet eine erotische Symbolik, die
zentrale Aspekte des Hohenliedes entfaltet: der Kuss der
Liebenden (Hld 1,2), die Umarmung (2,6), die Wunde
der Liebe (2,5).

Diese Spur führt *Bernhard von Clairvaux* (1090–
1153) in seinen berühmten Predigten zum Hohelied

weiter. Predigten, die unser Gottesbild verwandeln können, damit wir in all unseren Lebensvollzügen, auch in unserer Erotik, Gott erfahren können als Urgrund allen Lebens und aller Liebe: »Aber es gibt einen Ort, wo man Gott wirklich in seiner ganzen Stille und Ruhe gewahr wird. Da ist der Ort, wo Gott uns nicht als Richter oder als Lehrer, sondern wo er uns als Bräutigam begegnet« (23. Predigt). In diesen wenigen Worten erkenne ich das Zentrum einer mystischen Spiritualität, die die Trennung zwischen Gott und Mensch aufhebt, um die Christuskraft auch in unserer Sinnlichkeit dankbar zu erfahren. Sie befreit uns von jeder Leibfeindlichkeit, weil unser Leib »der Tempel des Heiligen Geistes ist« (1 Kor 6,19).

Eine lebensbejahende Sicht finde ich auch bei *Mechthild von Magdeburg* (1207 – um 1282), die Gott zur Seele sagen lässt: »Du bist mein schönstes Minnebett, meine tiefste Sehnsucht. Du bist die Lust meiner Gottheit, ein Durst meiner Menschheit.« Ich bewundere den Mut dieser Mystikerin, die in kühnen erotischen Bildern beschreibt, wie die Seele und Gott ineinander verliebt sind. Sie geben uns die erotische Dimension in unserem Alltag zu erkennen, die in unseren Begegnungen und im Staunen angesichts der Schöpfung mitschwingt und uns den heilenden Atem Gottes in allem erahnen lässt.

Anspruch des Liebens

Andrea Schwarz

Liebe in ihrem eigentlichen Sinn ist absichtslos und zweckfrei. Sie will nicht die Stillung der eigenen Bedürfnisse, sondern will das Wohlergehen des anderen. Liebe will zum Leben und zur Lebendigkeit anstiften und den anderen zu seinem wahren Mensch-Sein befreien – und ihn nicht zu dem umbiegen, wie ich ihn gerne hätte. Liebe hofft und vertraut, lässt los und birgt, schenkt her und lässt sich beschenken. Eine solche Liebe liebt nicht, um etwas zurückzubekommen, um selbst besser dazustehen, um etwas zu erreichen. Sie verführt und manipuliert nicht, sie gebraucht und verzweckt den anderen nicht. Sie macht frei und fesselt nicht.

Bei der Liebe gilt das marktwirtschaftliche Gesetz nicht: Geb' ich dir, dann gibst du mir. Ich gebe, weil ich geben will – und nicht, weil ich etwas zurückbekommen möchte. Dort, wo Liebe an Forderungen und Erwartungen geknüpft wird, ist es keine Liebe und muss unter diesem Namen auch scheitern. Liebe ist kein Machen und Tun, sondern eine Haltung, eine Einstellung. »Liebe« ist eigentlich ein »Liebend-Sein«, das das Beste für den anderen will. Eine solche Liebe erfüllt sich in der Hingabe und nicht dadurch, dass ich auf meine Kosten komme.

Ich gebe zu, eine solche Liebe kann etwas unbequemer zu leben sein als das, was manche Schlagersänger davon singen. Wer auf diese Weise liebt, der kommt nicht unverletzt davon. Lieben und leiden sind zwei Seiten einer Medaille – und das Wort »Leidenschaft« weiß davon zu erzählen. Wenn sich jemand für eine solche Art der Liebe öffnet, die den anderen meint und nicht sich selbst, der wird berührbar. Wer nur sich selbst meint, der wird hart. Aber wenn ich berührbar geworden bin, dann kann ich mir nicht mehr aussuchen, wovon ich mich berühren lasse.

Dann berührt mich das Schöne genauso wie das Traurige, die Umarmung des Freundes genauso wie das faltige Gesicht der alten Frau oder das Weinen eines Kindes. Wenn ich berührbar bin, dann kann ich die Höhepunkte des Lebens intensiv wahrnehmen und genießen – aber dann werde ich auch die Dunkelheiten an mich heranlassen müssen. Es gibt keinen Schalter, mit dem ich meine Berührbarkeit einfach ausschalten kann, wenn es unbequem für mich wird. Und ich glaube eigentlich, dass dies auch für die Liebe gilt: Eine Liebe, die nur einen ganz bestimmten Menschen meint, aber alle und alles andere von der Liebe ausschließt, ist keine Haltung, sondern möglicherweise Gedankenlosigkeit oder eine nett getarnte Form der Bedürfnisbefriedigung. Wer liebt, der leidet am Leid des anderen, der leidet an seiner eigenen Ohnmacht, dem anderen nicht helfen zu können, der mag daran leiden, dass seine Liebe einen anderen nicht erreicht, der leidet an sich selbst, weil er selbst so oft diesen Anspruch des Liebens verfehlt – und die Liebe doch wieder mit einem »um zu« verknüpft hat.

Johann Peter Hebel

Unverhofftes Wiedersehn

In Falun in Schweden küsste vor guten fünfzig Jahren und mehr ein junger Bergmann seine junge hübsche Braut und sagte zu ihr: »Auf Sankt Luciä wird unsere Liebe von des Priesters Hand gesegnet. Dann sind wir Mann und Weib und bauen uns ein eigenes Nestlein.« – »Und Friede und Liebe soll darin wohnen«, sagte die schöne Braut mit holdem Lächeln, »denn du bist mein Einziges und Alles, und ohne dich möchte ich lieber im Grab sein als an einem andern Ort.« Als sie aber vor St. Luciä der Pfarrer zum zweiten Mal in der Kirche ausgerufen hatte: »*So nun jemand Hindernis wüsste anzuzeigen, warum diese Personen nicht möchten ehelich zusammenkommen*« – da meldete sich der *Tod*. Denn als der Jüngling den andern Morgen in seiner schwarzen Bergmannskleidung an ihrem Haus vorbeiging, der Bergmann hat sein Totenkleid immer an, da klopfte er zwar noch einmal an ihrem Fenster und sagte ihr guten Morgen, aber keinen guten Abend mehr. Er kam nimmer aus dem Bergwerk zurück, und sie saumte vergeblich selbigen Morgen ein schwarzes Halstuch mit rotem Rand für ihn zum Hochzeittag, sondern als er nimmer kam, legte sie es weg und weinte um ihn und vergaß ihn nie. Unterdessen wurde die Stadt Lissabon in Portugal durch ein Erdbeben zerstört, und der Siebenjährige Krieg ging vorüber, und Kaiser Franz der Erste starb, und der Jesuitenorden wurde aufgehoben und Polen geteilt, und die Kaiserin Maria Theresia starb, und der Struensee wurde hingerichtet,

Amerika wurde frei, und die vereinigte französische und spanische Macht konnte Gibraltar nicht erobern. Die Türken schlossen den General Stein in der Veteraner Höhle in Ungarn ein, und der Kaiser Joseph starb auch. Der König Gustav von Schweden eroberte russisch Finnland, und die Französische Revolution und der lange Krieg fing an, und der Kaiser Leopold der Zweite ging auch ins Grab. Napoleon eroberte Preußen, und die Engländer bombardierten Kopenhagen, und die Ackerleute säeten und schnitten. Der Müller mahlte, und die Schmiede hämmerten, und die Bergleute gruben nach den Metalladern in ihrer unterirdischen Werkstatt. Als aber die Bergleute in Falun im Jahr 1809 etwas vor oder nach Johannis zwischen zwei Schachten eine Öffnung durchgraben wollten, gute dreihundert Ehlen tief unter dem Boden, gruben sie aus dem Schutt und Vitriolwasser den Leichnam eines Jünglings heraus, der ganz mit Eisenvitriol durchdrungen, sonst aber unverwest und unverändert war; also dass man seine Gesichtszüge und sein Alter noch völlig erkennen konnte, als wenn er erst vor einer Stunde gestorben oder ein wenig eingeschlafen wäre an der Arbeit. Als man ihn aber zu Tag ausgefördert hatte, Vater und Mutter, Gefreundte und Bekannte waren schon lange tot, kein Mensch wollte den schlafenden Jüngling kennen oder etwas von seinem Unglück wissen, bis die ehemalige Verlobte des Bergmanns kam, der eines Tages auf die Schicht gegangen war und nimmer zurückkehrte. Grau und zusammengeschrumpft kam sie an einer Krücke an den Platz und erkannte ihren Bräutigam; und mehr mit freudigem Entzücken als mit Schmerz sank sie auf die geliebte Leiche nieder, und erst als sie sich

7. · Liebe lässt sich nicht besitzen

von einer langen heftigen Bewegung des Gemüts erholt hatte, »es ist mein Verlobter«, sagte sie endlich, »um den ich fünfzig Jahre lang getrauert hatte, und den mich Gott noch einmal sehen lässt vor meinem Ende. Acht Tage vor der Hochzeit ist er unter die Erde gegangen und nimmer heraufgekommen.« Da wurden die Gemüter aller Umstehenden von Wehmut und Tränen ergriffen, als sie sahen die ehemalige Braut jetzt in der Gestalt des hingewelkten, kraftlosen Alters und den Bräutigam noch in seiner jugendlichen Schöne, und wie in ihrer Brust nach 50 Jahren die Flamme der jugendlichen Liebe noch einmal erwachte; aber er öffnete den Mund nimmer zum Lächeln oder die Augen zum Wiedererkennen; und wie sie ihn endlich von den Bergleuten in ihr Stüblein tragen ließ, als die Einzige, die ihm angehöre und ein Recht an ihn habe, bis sein Grab gerüstet sei auf dem Kirchhof. Den andern Tag, als das Grab gerüstet war auf dem Kirchhof und ihn die Bergleute holten, schloss sie ein Kästlein auf, legte sie ihm das schwarzseidene Halstuch mit roten Streifen um und begleitete ihn alsdann in ihrem Sonntagsgewand, als wenn es ihr Hochzeittag und nicht der Tag seiner Beerdigung wäre. Denn als man ihn auf dem Kirchhof ins Grab legte, sagte sie: »Schlafe nun wohl, noch einen Tag oder zehen im kühlen Hochzeitbett, und lass dir die Zeit nicht lange werden. Ich habe nur noch wenig zu tun, und komme bald, und bald wird's wieder Tag. – Was die Erde einmal wiedergegeben hat, wird sie zum zweiten Mal auch nicht behalten«, sagte sie, als sie fortging und noch einmal umschaute.

Aber die Liebe

Antje Sabine Naegeli

Es ist unmöglich,
sagt die Angst.
Es übersteigt meine Kraft.
Es ist eine Zumutung.
Ich bin auch nur
ein Mensch.
Das schaffe ich
nie.
Ich kann's,
sagt die Liebe.

8.

Ein Leben in wachsenden Ringen

Ich lebe mein Leben in wachsenden Ringen,
die sich über die Dinge ziehn.
Ich werde den letzten vielleicht nicht vollbringen,
aber versuchen will ich ihn.

Ich kreise um Gott, um den uralten Turm,
und ich kreise jahrtausendelang;
und ich weiß noch nicht: bin ich ein Falke,
    ein Sturm
oder ein großer Gesang.

Rainer Maria Rilke

Immer ein Neuanfang

Anselm Grün

»Man muss sich immerfort verändern, erneuern, verjüngen, um nicht zu verstocken«. Das hat der 80-jährige
Goethe gesagt. Goethe war offensichtlich innerlich nicht
stehen geblieben, sondern hat am Leben teilgenommen,
aber auf andere Weise als in seinen jungen Jahren. Mit
Verjüngen meint auch Goethe nicht, dass er sich den Jungen anpassen sollte. Verjüngen bedeutet vielmehr sich
immer wieder an die innere Quelle erinnern, die in einem
fließt. Die innere Quelle, letztlich die Quelle des Heiligen Geistes, strömt ständig in uns. Sie erneuert alles in
uns. Wir brauchen diesen erneuernden Geist Gottes in
uns, um lebendig bleiben zu können. Wer sich nicht ver-
jüngt, der verstockt. Er erstarrt innerlich. Er wird steif
wie ein Stock. Alle Lebendigkeit und Beweglichkeit ist
aus ihm gewichen. Das ist eine Verfälschung des Lebens.

Auf der einen Seite beenden wir mit dem Alter eine
aktive Phase. Aber diese Beendigung ist nur bei denen
ganz klar, die durch eine Pensionierung von ihrer Arbeit
entbunden werden. Bei vielen anderen ist es ein fließen-
der Übergang vom aktiven Dasein zum mehr beschau-
lichen Dasein. Alter ist nie nur Beendigen eines früheren
Zustandes. Es ist immer auch ein Neuanfang. Es gibt
Neues zu erfahren und zu erleben, Neues zu lernen und
zu entdecken an sich selbst, an den Menschen seiner Umgebung und in der Welt. Aber diesen bewussten Anfang
kann nur der setzen, der bereit ist, sich von dem bisher
Gelebten zu verabschieden. Wenn der Pensionär nur sei-

ner Arbeit und seiner Bedeutung, die er in der Arbeit hatte, nachtrauert, wird er verstocken und erstarren. Nur wenn er die Arbeit loslässt, wird er sich mit neuem Schwung dem zuwenden, was ihn erwartet. Das kann durchaus auch eine neue Tätigkeit sein. Aber vor allem ist es der Prozess der Reifung, der im Alter eine neue Form annimmt. Gerade weil der alte Mensch weiß, dass sein Leben endlich ist, ist es seine Aufgabe, bis zuletzt lebendig zu bleiben, bewusst am Leben Anteil zu nehmen und innerlich offen zu sein für alles, was sich ihm täglich darbietet. Wenn jedem Anfang »ein Zauber« innewohnt, wie Hesse in seinem *Stufen*-Gedicht sagt, dann gilt das für das ganze Leben, bis zuletzt.

Lerne wieder zu leben

Joan Chittister

»Wissen Sie schon, dass wir beide nächsten Monat in den Ruhestand gehen?«, fragte sie. Ihre Stimme war erregt, in ihren Worten lag Anspannung. Sie tat sich schwer damit, das zu eröffnen; es war ihr sehr peinlich. »Ich weiß noch gar nicht, was ich tun werde, wenn wir die ganze Zeit beieinander sein werden«, fuhr sie fort und setzte nach einer langen, mühsamen Pause ein leichtes Lächeln auf. »Was sollen wir denn jetzt tun? Herumsitzen und uns gegenseitig anschauen?«

Diese Befürchtung ist recht verbreitet. Was geschieht mit dem Leben, wenn die eingespielte Routine aufhört? Was geschieht mit uns als Menschen, wenn mit dem Erbringen von Leistung Schluss ist? Seit Jahrzehnten waren wir unter der Woche so gut wie nie mehr miteinander daheim. Allein schon die Vorstellung, dass das jetzt bald der Fall sein wird, kann die Monate vor dem Termin der Pensionierung zu einer stillen Qual werden lassen. Wir setzen ein tapferes Gesicht auf, aber in unserem Inneren tobt die Unsicherheit. Was werden wir künftig morgens nach dem Aufstehen tun? Wenn das der Ruhestand ist – wer braucht das denn? Warum soll man überhaupt noch weiterleben, wenn es nichts mehr gibt, wofür man leben kann? Ist erst einmal die lange Reise bis zum Antritt des Ruhestands geschafft – was tun wir dann?

Wir sehen uns jäh an den Punkt gesetzt, von dem wir meinten, das sei der Gipfel, der Höhepunkt des Lebens. Aber wenn wir von ihm hinunterblicken, ist da nichts.

Uns geht auf, dass wir nach all diesen Jahrzehnten nichts anderes mehr können, als zu arbeiten, und das trifft uns in unserer innersten Mitte wie ein Donnerschlag. Und diese Mitte ist leer.

Wir sehen uns vor die großartigste freie Wahl gestellt, die wir je hatten, zumindest seit wir aus freien Stücken von zu Hause ausgezogen sind und uns entschieden haben, was wir im Leben anpacken wollten, seit wir die ersten erfolgreichen Schritte in unserem Beruf gemacht haben und seit wir beschlossen haben, uns schließlich an einer bestimmten Stelle niederzulassen. Und jetzt stehen wir plötzlich vor der Entscheidung, wie wir ab jetzt leben wollen, ohne dass uns gesagt würde, wie man das macht.

Die Schiefertafel ist jetzt leer. Die Tage gehören uns. Die Aufgabe heißt jetzt: Lerne wieder zu leben.

Wir können beschließen, mit Freude zu leben. Oder wir können uns gestatten, in Bitterkeit zurückzuschauen. Wir können angesichts all dessen, was wir eigentlich tun wollten, bitter werden. Wir können bitter werden wegen der unzähligen Stunden, die wir einer Firma gewidmet haben, von der wir einfach verabschiedet wurden. Wir können bitter darüber werden, dass wir auf Sicherheit und Unabhängigkeit bedacht waren statt auf Tiefe und Weggemeinschaft. Wir können beschließen, bitter zu werden, weil am Ende bloß das Ende übrig bleibt. Aber was immer wir schließlich wählen – Bitterkeit oder Freude –, wir müssen uns auf jeden Fall entscheiden. Der Rest unseres Lebens hängt davon ab.

Es kann eine Weile dauern, bis uns aufzugehen beginnt, dass uns der Ruhestand tatsächlich in die Freude versetzt. Falls wir uns entscheiden, diese neue, noch nicht vorgezeichnete Zeit mit Freude zu leben, wird das Leben in uns einströmen, sogar mit einer Fülle, die wir zuweilen gar nicht recht aushalten können. Das ist der Lebensabschnitt, von dem der Psalmist sprach, als er betete: »Kostet und seht, wie gütig der Herr ist ...«

In der zweiten Hälfte des Lebens

Richard Rohr

In der zweiten Hälfte des Lebens haben wir keine festen oder endgültigen Meinungen über alles, jedes Ereignis oder die meisten Menschen, denn wir lassen es zu, dass Dinge und Menschen uns erfreuen, traurig machen und uns tatsächlich beeinflussen. Unser eigenes Glück ist nicht mehr davon abhängig, ob wir andere Menschen verändern oder korrigieren. Ironischerweise sind wir nun mehr denn je in einer Position, um Menschen zu verändern, doch *wir brauchen es nicht* – und das ist ein großer Unterschied. Wir haben uns vom Tun zum Sein und zu einer völlig neuen Art des Tuns bewegt, die fast organisch, im Stillen und durch Osmose dahinfließt. Unser Handeln ist weniger zwanghaft. Wir tun, wozu wir berufen sind, und versuchen dann, die Konsequenzen loszulassen. Solange wir jung sind, gelingt uns das normalerweise nicht sehr gut.

Das ist menschliches Leben auf seinem Höhepunkt, und alles andere war nur Vorbereitung und Vorspiel, um ein solches menschliches Kunstwerk zu schaffen. Nun helfen wir anderen Menschen einfach durch das, was wir sind. Nichts bewegt Menschen wohl mehr vom Potenzial zur Aktion als menschliche Integrität. Es macht mich immer tieftraurig, wenn ich ältere Menschen sehe, die immer noch von sich selbst und ihren absoluten Meinungen zu jedem Thema überzeugt sind. Sie nehmen den Platz im sozialen Gefüge nicht ein, den sie so dringend ausfüllen müssten. Wir brauchen ihre tiefe und gelehrte

8. · *Ein Leben in wachsenden Ringen*

Leidenschaft so viel mehr als ihre oberflächlichen und lautstark verkündeten Prinzipien! Wir haben ihren Frieden nötiger als ihre Wut!

Ja, die zweite Lebenshälfte legt uns ein gewisses Gewicht auf unsere Schultern, doch keine andere Daseinsform ist ähnlich sinnvoll oder schenkt uns die tiefe Zufriedenheit, nach der unsere Seele nun verlangt und die sie auch genießt. Diese neue, tiefere Leidenschaft meinen Menschen, wenn sie sagen: »Ich muss genau das tun, sonst hat mein Leben keinen Sinn« oder: »Ich habe keine andere Wahl«. Ihr Leben und Ihr Transportmittel sind jetzt eins. Vorher erschienen Ihnen Ihr Leben und Ihr Tun als zwei unterschiedliche Dinge. Nun ist Ihre Sorge nicht mehr, *zu kriegen, was Sie lieben*, sondern *zu lieben, was Sie haben* – genau in diesem Moment. Das ist eine ungeheure Veränderung gegenüber der ersten Lebenshälfte, so sehr, dass Sie sie fast als Lackmustest betrachten können, ob Sie überhaupt in der zweiten Lebenshälfte angelangt sind.

Das Spiel folgt jetzt vollkommen anderen Regeln, wie uns sehr oft in der Freiheit älterer Menschen deutlich wird, Dinge wegzugeben. Dinge zu horten, zu sammeln und anzuhäufen und andere mit Besitztümern, Häusern oder Reisen zu beeindrucken, verliert für sie mehr und mehr an Bedeutung. Die innere Helligkeit, die immer noch die Traurigkeit und Freude des Lebens in sich trägt, ist eine eigene Belohnung, eine eigene Zufriedenheit und ihr bestes und aufrichtigstes Geschenk an die Welt. Solche Älteste sind die Großeltern – die »großen Eltern« – der Welt. Kinder und andere Erwachsene fühlen sich in ihrer Nähe sicher und geliebt, und sie selbst fühlen sich

gebraucht und hilfreich für Kinder, Teenager und Erwachsene im mittleren Alter. Und sie sind es! Sie sind in
ihrem natürlichen Fluss.

Altern ist eine Kunst

Margot Käßmann

Ja, Altern ist eine Kunst. Mir ist bewusst, dass sie nicht immer gelingt, dass es auch schwer sein kann, mit manchem umzugehen, was kommen wird. Für mich persönlich ist Altern aber auch unbedingt mit Gelassenheit und Heiterkeit verbunden. Ich habe zu manchen Dingen mehr Abstand. Ich muss nicht alles – und auch nicht mich selbst – ununterbrochen nur ernst nehmen. Ich habe den Luxus, mir Zeit für mich zu nehmen. Meine Töchter sind selbstständig, ich muss mich nicht ständig kümmern und sorgen, so sehr ich sie liebe und begleite. Freiheit wächst und durchaus auch Weisheit, hoffe ich. Ja, ich schaue nach vorn, weiß, dass nicht mehr alles so locker und schnell gehen wird. Aber ich habe Freundinnen, mit denen ich darüber reden kann, auch über unsere Verschiedenheiten, über Schwächen – und darüber können wir auch lachen. Und ich kann junge Frauen sehen, begeistert sein, wie wunderschön ein Minirock bei ihnen aussieht – und mich doch auch wohlfühlen mit mir selbst. Was haben wir Frauen in Westeuropa auch für einen Luxus, heute so alt werden zu dürfen! Wie viele Frauen in den Generationen vor uns und in Ländern des Südens heute beneiden uns darum. Ich bin froh, heute und hier als Frau leben zu dürfen, und bin gespannt aufs Altwerden ... so Gott will und ich es erlebe.

Ewiges Leben

Yarito Niimura

Ein alter Mann suchte einen Meister auf und sprach zu ihm: »Seht her, ich bin hochbetagt, habe schon viele andere, die ich kannte, hinwegsterben sehen, und ich weiß genau, auch meine Tage sind gezählt. Aber ich fürchte den Tod und würde gerne noch ein Weilchen auf Erden leben. Da ich gehört habe, dass Ihr hier Hilfe wisst, frage ich Euch: Könnt Ihr nicht das Ritual des Langen Lebens für mich begehen?« Der Meister erwiderte: »Das wird nicht schwierig sein. Nennt mir zuerst Euer Alter.«

Der Alte: »Leider schon achtzig Jahre.«

Der Meister: »So alt ist das doch nicht. Kennt Ihr nicht den Spruch, mit fünfzig sei man noch wie ein Kind, und die Freuden der Liebe, die solle man vom siebzigsten bis ins achtzigste Jahr genießen? Sagt mir nur, wie alt Ihr werden wollt.«

Darauf der Alte: »Hundert Jahre, das würde mir genügen.« »Hundert Jahre nur?«, antwortete der Meister. »Ihr seid bescheiden. Nur zwanzig Jahre also, die Euch noch bleiben. Denn Ihr müsst wissen, dass meine Rituale sehr genau sind und Ihr mit hundert sterben werdet.«

Der Alte bekam es mit der Angst zu tun:

»Dann doch vielleicht hundertfünfzig Jahre.«

»Wenn Ihr es wünscht«, erwiderte der Meister. »Doch bedenkt: Ihr habt dann die Hälfte Eures Lebens bereits überschritten, und wie schnell die Zeit vergeht, das wisst Ihr besser als ich.«

»Dreihundert Jahre«, antwortete erschrocken der

Alte, »gebt mir dreihundert Jahre, das müsste ausreichen.«

»Eure Bescheidenheit ehrt Euch«, gab der Meister zu bedenken. »Aber wisst Ihr nicht, dass man sagt, der Kranich lebe tausend, die Schildkröte aber zehntausend Jahre? Ihr gönnt dem Menschen also nur dreihundert Jahre?« Verwirrt blickte der Alte zu Boden. »So sagt mir denn, Meister, zu welcher Lebensspanne kann mir Euer Ritual verhelfen?«

Der Meister lächelte. »Wenn ich Euch recht verstehe, würdet Ihr am liebsten ewig leben.«

»O ja«, entfuhr es dem Alten, »aber das wird gewiss nicht möglich sein.« »Ganz sicher nicht«, so der Meister. »Aber wenn es Euer wahrhafter Wunsch ist, so könnt Ihr ein Leben erlangen, das dem Lauf des Werdens und Vergehens entzogen ist.«

»Dies Ritual will ich haben!«, antwortete der Alte. »Doch ich befürchte, dass es sehr teuer ist.«

»Ihr sprecht es aus: Es ist sehr teuer. Denn es verlangt viel Zeit, und Ihr müsst Tag für Tag zu mir kommen, Euch unterweisen lassen und mit mir meditieren.«

So tat es der Alte. Und der Meister leitete ihn hin auf den Weg, der ihn zur Einsicht auf sein wahres unsterbliches Wesen führte.

Zeichen von Reife

Notker Wolf

Herzensruhe – das Ideal eines erfüllten Lebens, einer erfüllten Zeit – ist inmitten der Beanspruchungen unseres Lebens möglich: und zwar durch inneren Abstand zu den Dingen. Dieser Abstand ist es, der uns Freiheit schenkt, weil er die wirklichen Werte erkennen lässt. Was solche wirklichen Werte sind, das hat mir einmal eine ältere Frau gezeigt, die zu mir am Grab ihres Mannes gesagt hat: »Weißt du, im Grunde ist alles nur geliehen, all die materiellen Güter, ja unser Leben selbst.« Eine solche Haltung ist ein Zeichen von Reife. Es gibt keine Methode, das einzuüben, es sei denn, jemand hält immer wieder inne und überlegt, was die Dinge eigentlich wert sind, unser Besitz, unsere Titel, was ich selbst wert bin, mir und andern. Reife ist nicht machbar, sondern das Ergebnis eines Lebensprozesses.

Die eigentliche Dimension, die mein oder unser ganzes Leben bestimmt, ergibt sich daraus: zu wissen, dass all dies, was auf der Erde geschieht, keinen absoluten Wert hat. Das relativiert alles. Und schenkt doch die größte Freiheit. Denn ich weiß: Wenn ich einmal vor Gott hintreten werde, werde ich gar nichts haben. Und da wird er wahrscheinlich zu mir sagen: »Weil du gar nichts hast, kann ich dir jetzt alles geben.«

Anhang

Quellenverzeichnis

Alle Quellentexte sind, soweit nicht anders vermerkt, im Verlag Herder, Freiburg im Breisgau, erschienen.
© Verlag Herder GmbH, Freiburg im Breisgau

Ein Bibelwort für jeden Tag, 2013.

Phil Bosmans: Blumen des Glücks musst du selbst pflanzen, Überarbeitete Neuausgabe 2014.

Phil Bosmans: Vergiss die Freude nicht, 2012.

Joan Chittister: Das Geschenk der Jahre. Wie wir glücklich älter werden. © Kreuz Verlag in der Verlag Herder GmbH, Freiburg im Breisgau 2010.

Khalil Gibran: Goldene Regeln des Herzens. Herausgegeben von Christian Leven, 2012.

Anselm Grün: Gelassenheit – das Glück des Älterwerdens. Herausgegeben von Rudolf Walter, 2015.

Anselm Grün: Was der Seele gut tut. Herausgegeben von Rudolf Walter, 2015.

Anselm Grün: Wie wir leben – wie wir leben könnten. Haltungen, die die Welt verwandeln, 2015.

Johann Peter Hebel: Poetische Werke. München, Hanser 1961.

Schwester Gisela Ibele: Der Geschmack des Himmels. 12 Schritte für ein sinnliches Leben, 2012.

Schwester Gisela Ibele: 40 Tage himmlisch leben. Der Fastenkalender, 2013.

Margot Käßmann: Folge deiner Hoffnung. Herausgegeben von Gabriele Hartlieb. © Kreuz Verlag in der Verlag Herder GmbH, Freiburg im Breisgau 2011.

Margot Käßmann: In der Mitte des Lebens, Taschenbuchausgabe 2013.

Lorenz Marti: Übrigens, das Leben ist schön. Entdeckungen auf der Rückseite des Selbstverständlichen. © Kreuz Verlag in der Verlag Herder GmbH, Freiburg im Breisgau 2013.

[Anthony de Mello] Das Anthony-de-Mello-Lesebuch. Herausgegeben von Marlene Fritsch, 2013.

Anthony de Mello: Im Hier und Jetzt liegt alles. Der Weg zum Glück. Herausgegeben von Anton Lichtenauer, 2014.

Anthony de Mello: Das Leben neu entdecken. Aufwachen zum Glück, 2013.

Anthony de Mello: Perlen der Weisheit. Die schönsten Texte von Anthony de Mello. Herausgegeben von Michaela Diers, Bearbeitete Neuausgabe 2012.

Anthony de Mello: Der springende Punkt. Wach werden und glücklich sein, Neuausgabe, 2. Auflage 2013.

Anthony de Mello und Anand Nayak: Sadhana. Ein Weg zur Achtsamkeit, 2012.

Antje Sabine Naegeli: Die Nacht ist voller Sterne. Gebete in dunklen Stunden, Neuausgabe 2013.

Yarito Niimura: Zen. Geschichten alter Meister, 2013.

Henri Nouwen: Mit einem weiten Herzen. Betend leben lernen, 2014.

Richard Rohr: Reifes Leben. Eine spirituelle Reise, 2012.

[Andrea Schwarz] Das Andrea-Schwarz-Lesebuch. Herausgegeben von Ulrich Sander, 2013.

Christa Spannbauer: 40 Tage Achtsamkeit. Impulse für eine etwas andere Fastenzeit, 2015.

Christa Spilling-Nöker: Garten. Geschichten zum Aufblühen, 2014.

Pierre Stutz: In der Weite des Himmels. Ein meditativer Gang durch die Bibel, Taschenbuchausgabe 2014.

[Pierre Stutz] Das Pierre-Stutz-Lesebuch. Herausgegeben von Gabriele Hartlieb, 2013.

Pierre Stutz: Sei gut mit deiner Seele, Neuausgabe 2013.

40 Tage leichter leben. Fastenkalender, 2014.

Notker Wolf: Gönn dir Zeit. Es ist dein Leben, 4. Auflage 2013.

Notker Wolf: Die Kraft, dein Leben zu verändern. Das kleine Buch der wahren Freiheit. Herausgegeben von Rudolf Walter, 2014.

Textnachweise

S. 17: Marti, Übrigens, das Leben ist schön, 18–19.

S. 19: De Mello, Perlen der Weisheit, 83.

S. 20: Zitiert nach: Ein Bibelwort für jeden Tag, 193.

S. 22: Stutz, Sei gut mit deiner Seele, 105–106.

S. 24: Nouwen, Mit einem weiten Herzen, 47–48.

S. 26: Stutz, Weite des Himmels, 94–95.

S. 28: De Mello, Perlen der Weisheit, 86

S. 31: Wolf, Gönn dir Zeit, 12.

S. 32: Grün, Wie wir leben – wie wir leben könnten, 15–16.

S. 35: Zitiert nach: Ein Bibelwort für jeden Tag, 229.

S. 36: Grün, Was der Seele gut tut, 100.

S. 37: Spannbauer, 40 Tage Achtsamkeit, 25.

S. 38: Zitiert nach: Das Pierre-Stutz-Lesebuch, 146–147.

S. 40: Marti, Übrigens, das Leben ist schön, 28–29.

S. 42: Spannbauer, 40 Tage Achtsamkeit, 45.

S. 45: Grün, Gelassenheit, 207.

S. 46: De Mello, Im Hier und Jetzt liegt alles, 21.

S. 47: Wolf, Die Kraft, dein Leben zu verändern, 59.

S. 48: Ibele, Der Geschmack des Himmels, 80–84.

S. 51: Marti, Übrigens, das Leben ist schön, 144–145.

S. 52: Grün, Gelassenheit, 211–212.

S. 55: Bosmans, Vergiss die Freude nicht, 80.

S. 56: Spannbauer, 40 Tage Achtsamkeit, 41.

S. 58: Gibran, Goldene Regeln, 79.

S. 59: Käßmann, Folge deiner Hoffnung, 31–32.

S. 60: Gibran, Goldene Regeln, 81.

S. 61: De Mello, Der springende Punkt, 52–53.

S. 63: Zitiert nach: Das Pierre-Stutz-Lesebuch, 97–98.

S. 65: Naegeli, Die Nacht ist voller Sterne, 99.

S. 66: Bosmans, Blumen des Glücks, 41–42.

S. 68: Stutz, Sei gut mit deiner Seele, 137–140.

S. 70: Ibele, 40 Tage himmlisch leben, 37. Tag.

S. 73: Zitiert nach: Ein Bibelwort für jeden Tag, 259.

S. 74: De Mello, Sadhana, 22.

S. 75: Stutz, Sei gut mit deiner Seele, 13–16.

S. 78: Ibele, 40 Tage himmlisch leben, 4. Tag.

S. 79: Zitiert nach: Das Anthony-de-Mello-Lesebuch, 100.

S. 80: Grün, Wie wir leben – wie wir leben könnten, 15–16.

S. 82: Spannbauer, 40 Tage Achtsamkeit, 21.

S. 83: Wolf, Gönn dir Zeit, 100–101.

S. 86: Zitiert nach: Das Anthony-de-Mello-Lesebuch, 230.

S. 87: Zitiert nach: Das Pierre-Stutz-Lesebuch, 138.

S. 88: De Mello, Das Leben neu entdecken, 32–34.

S. 90: Zitiert nach: Das Andrea-Schwarz-Lesebuch, 160–162.

S. 93: Zitiert nach: Ein Bibelwort für jeden Tag, 77.

S. 94: Grün, Was der Seele gut tut, 48–49.

S. 96: Zitiert nach: 40 Tage leichter leben, 3. Tag.

S. 98: Gibran, Goldene Regeln, 66.

S. 99: Zitiert nach: Das Andrea-Schwarz-Lesebuch, 98–99.

S. 101: De Mello, Perlen der Weisheit, 89.

S. 102: Spilling-Nöker, Garten, 49–51.

S. 105: Stutz, Weite des Himmels, 88–89.

S. 107: Zitiert nach: Das Andrea-Schwarz-Lesebuch, 110–112.

S. 109: Hebel, Poetische Werke, 252–256.

S. 112: Naegeli, Die Nacht ist voller Sterne, 78.

S. 115: Grün, Gelassenheit, 207.

S. 117: Chittister, Das Geschenk der Jahre, 48–50.

S. 120: Rohr, Reifes Leben, 164–166.

S. 123: Käßmann, In der Mitte des Lebens, 54.

S. 124: Niimura, Zen, 118–120.

S. 126: Wolf, Die Kraft, dein Leben zu verändern, 29.

Verzeichnis der Autorinnen und Autoren

Petra Altmann, Dr. phil., freie Journalistin und Buchautorin, erfolgreiche Veröffentlichungen zu Lebenswerten und Traditionen, die für unser Leben heute bedeutsam sind. Zuletzt bei Herder: »Von Herzen! Eine kleine Geschichte zum Dank sagen« und »Wie schön, dass es dich gibt! Eine kleine Geschichte für gute Freunde« (2014).

Phil Bosmans, 1922–2012, kath. Priester und Ordensmann, Begründer des »Bund ohne Namen«, der sich in zahlreichen Ländern menschlich und karitativ engagiert. Zahlreiche Veröffentlichungen (Weltgesamtauflage bei geschätzten über 9 Millionen). Zuletzt bei Herder u. a.: »Vergiss die Freude nicht« (Neuausgabe 2012), »Lichtblicke. Ein gutes Wort für jeden Tag« (zusammen mit Ulrich Schütz, 2012), »Blumen des Glücks musst du selbst pflanzen« (2014). Im Internet: www.bund-ohne-namen.de

Joan Chittister, Dr. theol., amerikanische Benediktinerin, Erfolgsautorin, Dozentin, Leiterin von Kursen mit Auftritten im Fernsehen und eigener Internetpräsenz (www.benetvision.org). Bei Herder: »Das Leben beginnt in dir. Weisheitsgeschichten aus der Wüste« (2011), »Weisheitsgeschichten aus den Weltreligionen. Antworten auf die Fragen des Lebens« (Taschenbuchausgabe 2013).

Roger Kardinal Etchegaray, geb. 1922, war Erzbischof von Marseille und ist ein emeritierter Kurienkardinal der römisch-katholischen Kirche. Seit 2005 ist er Subdekan des Kardinalskollegiums.

Khalil Gibran, 1883–1931, geboren im Libanon, im Westen bekanntester Dichter des Orients; sein Werk »Der Prophet« (1923) trug wesentlich zur kulturellen Renaissance der arabischen Welt im Westen bei. Zuletzt bei Herder: »Liebe ist ein heiliges Geheimnis. Für Liebende« (2014).

Anselm Grün, geb. 1945; Dr. theol., Benediktiner und Verwalter der Abtei Münsterschwarzach; geistlicher Berater, Begleiter und Autor höchst erfolgreicher Veröffentlichungen. Zuletzt bei Herder u. a.: »Gelassenheit – das Glück des Älterwerdens« und »Wie wir leben – wie wir leben könnten« (2014). Internet: www.einfach-leben.de

Johann Peter Hebel, 1760–1826, Schriftsteller, Pädagoge und Theologe.

Schwester Gisela Ibele, geb. 1960, Franziskanerin von Reute. Ausbildung zur Erzieherin und Gemeindereferentin. Leiterin des Projekts »Sinn-Welt Jordanbad« in Biberach (www.jordanbad.de), eines Erlebnisparcours für alle Sinne. Zuletzt bei Herder: »Der Geschmack des Himmels. 12 Schritte für ein sinnliches Leben« (2012), »40 Tage himmlisch leben« (2013).

Margot Kässmann, Dr. theol., Theologin und Pfarrerin. 1999–2010 Landesbischöfin der evangelisch-lutherischen Kirche Hannovers, 2009/2010 Ratsvorsitzende der Evangelischen Kirche in Deutschland, 2012–2017 Beauftragte der EKD für das Reformationsjubiläum. Mutter von vier erwachsenen Töchtern. Zuletzt bei Herder: »Stille und Weite« (mit Monika Lawrenz, 2012), »Mehr als fromme Wünsche« (Neuausgabe 2012), »In der Mitte des Lebens« (Taschenbuchausgabe 2013).

Anthony de Mello, 1931–1987, geb. in Bombay (Mumbai), studierte nach seinem Eintritt in den Jesuitenorden Philosophie, Theologie und Psychologie. Er leitete ein Beratungs- und Ausbildungszentrum in Lonavla (Indien) und war in vielen Ländern gefragter Begleiter und Kursleiter. Seine weltweit verbreiteten Bücher erscheinen auf Deutsch im Verlag Herder, zuletzt: »Der springende Punkt. Wach werden und glücklich sein« (2015).

Lorenz Marti, geb. 1952, freier Autor, Kolumnist, war bis 2012 Mitarbeiter der Redaktion Religion des DRS. Er lebt mit seiner Frau in Bern. Im Verlag Herder in vielen Auflagen: »Mystik an der Leine des Alltäglichen«. »Eine Handvoll Sternenstaub« (2014). Weitere Informationen: www.lorenzmarti.ch

Antje Sabine Naegeli, geb. 1948, Studium der evangelischen Theologie, psychotherapeutische Ausbildung zur Logotherapeutin und Existenzanalytikerin. Lebt und praktiziert in St. Gallen. Zuletzt bei Herder: »Du hast mein Dunkel geteilt. Gebete an unerträglichen Tagen« (2014).

YARITO NIIMURA, Pseudonym einer in Deutschland lebenden Autorin und Übersetzerin mit einer besonderen Liebe zu Zen-Geschichten. Bei Herder: »Zen. Geschichten alter Meister« (2013).

HENRI NOUWEN, 1932–1996, gab eine Karriere als Hochschulprofessor auf und schloss sich der von Jean Vanier gegründeten »Arche«-Bewegung eines gemeinsamen Lebens mit behinderten Menschen an. Er zählt international zu den wichtigsten spirituellen Autoren. Zuletzt bei Herder: »Zeig mir den Weg. Ein Begleiter für die Fasten- und Osterzeit« (2015).

RICHARD ROHR, Franziskanerpater, Gründer des »Zentrums für Aktion und Kontemplation« in New Mexico / USA, international bekannter und gefragter Vertreter einer zeitgenössischen christlichen Spiritualität. Zuletzt bei Herder: »Reifes Leben. Eine spirituelle Reise« (2012), »Das Wahre Selbst. Werden, wer wir wirklich sind« (2013), »Stille und Mitgefühl. Gott und den Menschen finden« (2015). Im Internet: www.cac.org

ANDREA SCHWARZ, ausgebildete Industriekauffrau und Sozialpädagogin, heute als gefragte Referentin, Trainerin und Bibliolog-Ausbilderin tätig. Sie ist pastorale Mitarbeiterin im Bistum Osnabrück und lebt in Steinbild im Emsland. Andrea Schwarz gehört zu den meistgelesenen christlichen Schriftstellern unserer Zeit. Zahlreiche Veröffentlichungen im Verlag Herder, zuletzt: »Ein tanzender Stern« (2012), »Das Andrea-Schwarz-Lesebuch« (2013), »40 Tage Erfüllt leben. Der Fastenkalender« (2014).

CHRISTA SPANNBAUER war Assistentin von Willigis Jäger. Sie widmet sich heute den Weisheitswegen aus Ost und West und prüft deren Alltagstauglichkeit für den modernen Menschen. Sie praktiziert Zen, Kontemplation und Yoga. Christa Spannbauer lebt in Berlin. Bei Herder erschienen: »40 Tage Achtsamkeit. Impulse für eine etwas andere Fastenzeit« (2015).

CHRISTA SPILLING-NÖKER, Dr. phil., evangelische Pfarrerin mit pädagogischer und tiefenpsychologischer Ausbildung. Zahlreiche erfolgreiche Veröffentlichungen. Zuletzt bei Herder: »Gute Besserung. Eine kleine Geschichte zum Gesundwerden« und »Pflück dir einen Stern! Eine kleine Geschichte zur Lebensfreude« (2015).

PIERRE STUTZ, spiritueller Begleiter, Dichter und Autor viel beachteter Bücher zu einer Spiritualität im Alltag. Bei Herder u. a.: »Das Pierre-Stutz-Lesebuch« (2013), »Der Stimme des Herzens folgen. Jahreslesebuch« (2014). Im Internet: www.pierrestutz.ch

NOTKER WOLF, Dr. phil., seit 1961 Mönch der Benediktinerabtei St. Ottilien, 1977 zum Erzabt gewählt, seit 2000 Abtprimas der Benediktiner mit Sitz in Rom. Sehr erfolgreiche Veröffentlichungen. Zuletzt bei Herder: »Jetzt ist Zeit für den Wandel. Nachhaltig leben für eine gute Zukunft« (2012), »Die sieben Säulen des Glücks« (Taschenbuchausgabe 2012).

MIX
Papier aus verantwor-
tungsvollen Quellen
FSC® C083411

© Verlag Herder GmbH, Freiburg im Breisgau 2015
Alle Rechte vorbehalten
www.herder.de

Umschlaggestaltung: Designbüro Gestaltungssaal
Umschlagmotiv: © Konstantin Sutyagin – Fotolia
Vignetten im Innenteil: © Designbüro Gestaltungssaal
Satz: SatzWeise GmbH, Trier

Herstellung: CPI books GmbH, Leck
Printed in Germany

ISBN 978-3-451-32434-5